Muttersprache plus

6 Arbeitsheft

Herausgegeben von Viola Oehme

Erarbeitet von
Bärbel Döring, Cordula Hagedorn, Iris Marko, Antje Pechau

Cornelsen

Muttersprache plus

6 Arbeitsheft

Zu diesem Buch gibt es ein passendes **Schülerbuch** (ISBN 978-3-06-062089-0).

Redaktion: Sandra Wuttke-Baschek, Recklinghausen
Illustrationen: Friederike Ablang, Berlin (S. 3, S. 35, S. 37, S. 39, S. 42, S. 48, S. 55, S. 58, S. 66, S. 70-71, S. 78, S. 80, S. 83, S. 88); Sulu Trüstedt, Berlin (S. 3-4, S. 8-9, S. 17, S. 19)
Umschlaggestaltung: werkstatt für gebrauchsgrafik, Berlin
Umschlagillustration: Dorina Tessmann, Berlin
Layout: lernsatz.de
Gestaltung und technische Umsetzung: Saskia Klemm, Berlin

Textquellen: **15** Maar, Paul: Der Langschläfer. Das fliegende Kamel. © 2010 Verlag Friedrich Oetinger GmbH, Hamburg, **21 ff.** Marianne Thiele: Die Gilgamesch-Sage, in gekürzter Fassung nacherzählt von Marianne Thiele, Autorentext, **25** Guggenmos, Josef: Bruder Ahorn. Aus: Gelberg, Hans- Joachim (Herausgeber): Überall und neben dir. Weinheim und Basel: Beltz Verlag, 1986, 1989, S.153, **26** Busta, Christine: Der Sommer. Aus: Christine Busta: Die Sternenmühle, Otto Müller Verlag, Salzburg 2004, 8. Auflage, **26** Busta, Christine: Für den Winterabend. Aus: Christine Busta: Die Sternenmühle, Otto Müller Verlag, Salzburg 2004, 8. Auflage, **64** [„Karin?", hörte ich Fannys Stimme]. Aus: Annika Thor: Ich hätte Nein sagen können. Weinheim/Basel: Gulliver in der Verlagsgruppe Beltz 2006, Seite 45 (gekürzt), **73** Maulwurf. Aus: Geolino.de. Autorin: Anika Hillman (gekürzt), **76** Eichendorff, Joseph von: Mondnacht. Aus: Sämtliche Werke. 1. Band. Biographische Einleitung und Gedichte. S. 604, Leipzig, Voigt & Günther, 1864, **83** gruselrätsel. Aus: Arne Rautenberg, Unterm Bett liegt ein Skelett, Gruselgedichte für mutige Kinder, Peter Hammer Verlag 2016, S. 24, **91** [Sobald es dämmert]. Aus: Galileo genial 05/2020 © Egmont Ehapa Media GmbH. Autoren: Julia Sieg und Johannes Kanty (gekürzt und leicht verändert), **94** [Der Angriff eines Fuchses]. Aus: Galileo genial 05/2020 © Egmont Ehapa Media GmbH. Autoren: Julia Sieg und Johannes Kanty (leicht verändert)

Bildquellen: **10** Cordula Hagedorn; **11** stock.adobe.com/Sven Bachstroem; **12** links stock.adobe.com/greenmedia; rechts stock.adobe.com/vulkanismus; **13** Kulturinsel Einsiedel / Künstlerische Holzgestaltung Bergmann GmbH; **14** stock.adobe.com/christa19; **21** Shutterstock.com/Dima Moroz; **24** bpk/Vorderasiatisches Museum, SMB/Olaf M.Teßmer; **25** stock.adobe.com/Christian Pedant; **26** stock.adobe.com/Engdao; **27** Shutterstock.com/Kartouchken; **28** oben bpk/Kallimages/adoc-photos; unten stock.adobe.com/© filippo romeo/mezzotint_fotolia; **30** Shutterstock.com/vectorfusionart; **40** stock.adobe.com/Zehra; **41** stock.adobe.com/Schlierner; **43** stock.adobe.com/Carina Hansen; **49** stock.adobe.com/lagom; 50 stock.adobe.com/Amanda Greene; **51** stock.adobe.com/Africa Studio; **52** stock.adobe.com/Erwin Wodicka-wodicka@aon.at/Gina Sanders; **56** Shutterstock.com/Hawk-4K; **60** oben akg-images; unten akg-images; **61** akg-images/NTB scanpix/Laurvik, Henrik; **73** Shutterstock.com/VladKK; **77** ob. li. stock.adobe.com/Peter Adams Photography Ltd/pkawasaki; ob. re. stock.adobe.com/dam@seaphotoart.com/damedias; Mi. li. Shutterstock.com/Azerika; Mi. re. stock.adobe.com/yalo173; un. li. stock.adobe.com/© Vlasto Opatovsky/Vlasto Opatovsky; un. re. stock.adobe.com/EDWIN BUTTER FOTOGRAFIE/EBFoto; **82** stock.adobe.com/Sabine Schönfeld; **84** Shutterstock.com/Filmbildfabrik; **86** Shutterstock.com/Andrea Izzotti; **91** stock.adobe.com/Torbjørn Helgesen/Tobben-PHOTO; **94** Shutterstock.com/Jamie Hall.

www.cornelsen.de

Dieses Werk berücksichtigt die Regeln der reformierten Rechtschreibung und Zeichensetzung.
Die mit * gekennzeichneten Texte wurden aus didaktischen Gründen gekürzt und/oder verändert.

1. Auflage, 1. Druck 2021

Alle Drucke dieser Auflage sind inhaltlich unverändert und können im Unterricht nebeneinander verwendet werden.

Druck: Athesiadruck GmbH

ISBN 978-3-06-063303-6

PEFC
PEFC/18-31-166

PEFC zertifiziert
Dieses Produkt stammt aus nachhaltig bewirtschafteten Wäldern und kontrollierten Quellen.
www.pefc.de

Inhalt

Schreiben, Lesen

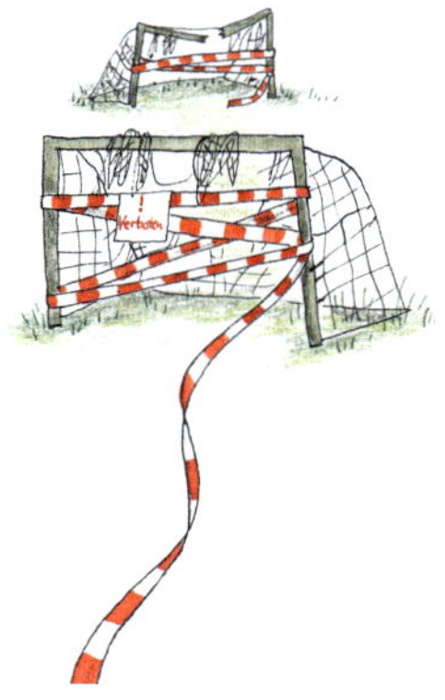

Schritt für Schritt: Wort – Satz – Text

Mitteilungen verfassen

Offizielle Briefe schreiben

Offizielle Briefe sollten eine bestimmte **Form** haben.
Oben links stehen Name und Adresse der **Absenderin** bzw. des **Absenders**.
Im Adressfeld darunter stehen Name und Adresse der **Empfängerin** oder des **Empfängers**. Darunter steht am rechten Rand das **Datum**.
In der **Betreffzeile** nennt man kurz den Anlass des Briefes, z. B.:
Bitte um Reparatur.
Ist der Name der Empfängerin bzw. des Empfängers bekannt, spricht man sie oder ihn in der **Anrede** persönlich an, z. B.:
Sehr geehrter Herr Schiller, … *Sehr geehrte Frau Müller, …*
Kennt man den Namen nicht, schreibt man:
Sehr geehrte Damen und Herren, …
Der Anrede folgen ein Komma und eine Leerzeile. Auf einer neuen Zeile wird der **Brieftext** klein weitergeschrieben.
Abgeschlossen wird der Brief mit einer **Grußformel**, z. B.:
Mit freundlichen Grüßen, Mit freundlichem Gruß, Viele Grüße.
Darunter steht die **persönliche Unterschrift**.

1 Leon hat einen Brief an den Elternverein der Schule geschrieben.

a Lies den Brief.

Achtung, Fehler!

An den Elternverein der Stadtparkschule, Parkstraße 2, 09876 Sommerburg
Von Leon Schmitt, Klassensprecher 6b, Gartenweg 17, 09876 Sommerburg

10. Mai

Hallo Elternverein!
In der Pause spielen wir wahnsinnig gerne Fußball auf dem Wiesenstück vor der Turnhalle. Das dürfen wir auch, obwohl unser Getrampel den Rasen ganz schön kaputt macht. Vor ewigen Zeiten hat jemand der Schule deswegen Tore geschenkt. Waren Sie das? Jedenfalls sind die Tore jetzt total kaputt. Netze gibt es schon seit ein paar Jahren nicht mehr. Bei dem einen Tor ist jetzt die Latte durchgebrochen, bei dem anderen ist der linke Pfosten total schief. Deshalb dürfen wir seit letzter Woche die Tore nicht mehr benutzen. Frau Werke, das ist unsere Hausmeisterin, die hat ein rot-weißes Band um beide Tore gemacht und ein Schild drangehängt: Benutzen verboten. Können Sie uns neue Tore kaufen? Unser Schulleiter Herr Brehme hat gesagt, dass die Schule für neue Tore kein Geld bekommt, weil das Schulamt sagt, die Tore auf dem Sportplatz müssen reichen. Aber da dürfen wir in der Pause ja nicht drauf, weil er auf der anderen Straßenseite ist! Bitte kaufen Sie uns neue Tore! Wir wären so glücklich! Bitte antwortet schnell.

Euer Leon Schmitt

b Notiere in deinem Heft, was dir an dem Brief auffällt.

Offizielle Briefe sollten kurz, aber höflich formuliert und übersichtlich gestaltet sein. Den **Brieftext** gliedert man meist in:
- **Einleitung:** Hier wird meist der Grund für den Brief geschrieben.
- **Hauptteil:** Hier werden die wichtigsten Informationen oder das Anliegen formuliert.
- **Schluss:** Hier wird meist um eine Rückmeldung oder einen Termin gebeten.

2 Leons Brief ist noch nicht gut gelungen.

a Untersuche zuerst den Briefkopf. Schreibe alle Angaben richtig gestaltet in dein Heft.

Tipp
Lies noch einmal im Merkkasten auf Seite 4 nach.

b Leon hat die Betreffzeile vergessen. Notiere hier, wie sie lauten sollte:

____

c Untersuche jetzt den Brieftext. Bestimme Einleitung, Hauptteil und Schluss im Brief.

d Streiche die Wörter, Wortgruppen oder Sätze, die Leon für sein Anliegen nicht benötigt.

e Markiere die Wörter, Wortgruppen oder Sätze im Text, die sachlicher oder höflicher formuliert werden sollten.

3 Überarbeite nun Leons Brief an den Elternverein.

a Überlege, wie du die in Aufgabe 2e markierten Textstellen umformulieren könntest. Notiere deine Vorschläge.

____

____

____

____

____

____

b Formuliere den Brieftext neu. Schreibe den Brief vollständig, sauber und übersichtlich gestaltet in dein Heft oder am PC.
Achte auch auf eine sinnvolle Gliederung des Brieftextes.

c Lies deinen Brief noch einmal genau und überarbeite ihn, wenn nötig.

●●● **4** Antworte als Vorsitzende bzw. Vorsitzender des Elternvereins auf Leons Brief. Überlege zunächst, was der Elternverein auf Leons Anfrage antworten könnte.

3 a Du kannst z. B. folgende Formulierungen verwenden.
die alten Tore sind beschädigt und unbenutzbar / das Fußballspielen ist leider nicht möglich / viele Schülerinnen und Schüler wünschen sich neue Tore / wäre es möglich, dass …

Formulare ausfüllen

Für viele Zwecke gibt es **Formulare**. Sie sollten möglichst sorgfältig in gut lesbaren Druckbuchstaben ausgefüllt werden.
Man verwendet bei Bedarf **Abkürzungen**, z. B.: *Straße – Str.*
Vor dem Ausfüllen sollte man sich das ganze Formular ansehen und überlegen, welche Angaben einzutragen sind. Man kann zuerst eine Kopie des Formulars ausfüllen, die man für seine eigenen Unterlagen aufbewahrt.

Tipp
Wenn du Angaben nicht machen kannst, z. B. wenn du keine eigene Mailadresse hast, lass die Stelle frei.

1 Stelle dir vor, du möchtest dem folgenden Verein beitreten.
Fülle das Beitrittsformular aus.

Jugendfilmclub Sommerburg e. V.

Beitrittserklärung

Name:												
Vorname:												
Geburtsdatum:												
Straße, Hausnr.:												
PLZ, Ort:												
E-Mail-Adresse:												
Telefonnummer:												

Ich trete hiermit dem Verein bei und zahle einen jährlichen Mitgliedsbeitrag von 12,00 €. Die Vereinssatzung in der gültigen Fassung ist mir bekannt.

Ort, Datum ______________ Unterschrift ______________

Erziehungsberechtigte

Name:												
Vorname:												
Straße, Hausnr.:												
PLZ, Ort:												
E-Mail-Adresse:												
Telefonnummer:												

Wir sind mit dem Beitritt unseres Kindes und der Zahlung des Mitgliedsbeitrages einverstanden. Die Vereinssatzung in der gültigen Fassung ist uns bekannt.

Ort, Datum ______________ Unterschrift ______________

Jugendfilmclub Sommerburg e.V. – Am alten Kino 4 – 09875 Sommerburg
Ansprechpartner Mitgliederverwaltung: Juli Hufe (Vorsitzende),
Mail: jugendfilmclub@example.com

Beschreiben

Vorgänge beschreiben – Handlungen anleiten

Handlungsanleitungen, wie Spiel- oder Bastelanleitungen und Rezepte, beginnen mit einer Materialliste, danach werden die einzelnen Handlungen und Vorgänge so beschrieben, dass man sie nachvollziehen kann. Deshalb ist es wichtig, die einzelnen **Teilhandlungen** in der richtigen Reihenfolge zu beschreiben. Vorgangsbeschreibungen bzw. Handlungsanleitungen werden meist im Präsens verfasst. Man kann eine Beschreibung unterschiedlich formulieren:

- **persönlich**, z. B.: *Lege zuerst alle Zutaten bereit. Beginne mit …*
  Die Butter gibst du in die Schüssel.
- **unpersönlich**, z. B.: *Man gibt zuerst die Butter in eine Schüssel. (man-*Form*)*
  Die Butter wird zuerst in eine Schüssel gegeben. (Verbform im Passiv)

1 Die Anleitung für ein Kartenspiel ist zerrissen worden.

a Lies die Textschnipsel.

Ein Kartengeber mischt und verteilt fünf Karten an jeden Mitspieler. ☐

Hat ein Spieler keine passende Karte zum Ablegen, muss er eine Spielkarte vom Stapel ziehen. Passt sie, darf sie sofort abgelegt werden. ☐

Legt ein Spieler seine vorletzte Karte ab, muss er „mau“ sagen. Vergisst er das, muss er eine Karte ziehen. Wer zuerst die letzte Karte ablegt, sagt „mau mau“ und hat das Spiel gewonnen. ☐

Der Stapel mit den Restkarten wird verdeckt auf den Tisch gelegt. Die oberste Karte wird aufgedeckt danebengelegt. Ist es ein Bube, legt der Kartengeber die Farbe fest. ☐

Spielanleitung für Mau-Mau ☐

Der Spieler links neben dem Kartengeber beginnt. Im Uhrzeigersinn legt jeder Spieler eine seiner Karten ab. Die abgespielte Karte muss entweder den gleichen Wert (9, 10, Dame usw.) oder die gleiche Farbe (z. B. Herz) haben wie die oberste Karte auf dem Ablagestapel. Beispiel: Auf eine Karo 9 darf eine andere 9 oder eine beliebige Karo-Karte abgelegt werden (außer bei einem Buben, da gilt die dazu gewünschte Farbe). ☐

- für 3-5 Spieler
- Skatspiel (42 Karten)
- Notizblock, Stift ☐

Aktionskarten:
7 *(Zwei ziehen)*: Der nächste Spieler muss 2 Karten aufnehmen, außer wenn er eine 7 nachlegen kann.
Dann muss der folgende Spieler 4 Karten (2 + 2) aufnehmen usw.
8 *(Aussetzen)*: Der nächste Spieler muss eine Runde aussetzen.
Bube *(Wünschen)*: Der Spieler darf sich eine Farbe wünschen. ☐

Tipp
Du kannst die Seite kopieren, die Schnipsel ausschneiden und in sinnvoller Reihenfolge aufkleben.

b Lege für die Spielanleitung eine sinnvolle Reihenfolge fest, indem du die Schnipsel am Rand nummerierst.

c Überprüfe deine Reihenfolge, indem du das Spiel mit anderen Kindern oder in deiner Familie spielst. Korrigiere deine Nummerierung, wenn nötig.

Eine Handlungsanleitung planen

2 Ida möchte ihren Gummibaum in einen größeren Topf umtopfen.

a Sieh dir die Bilder genau an.

b Verfasse eine Handlungsanleitung zum Umtopfen der Zimmerpflanze. Notiere dir Stichpunkte zu jedem Handlungsschritt. Nutze die Wortliste.

Wortliste
Verben: bereitlegen, ausbreiten, einfüllen, herausziehen, auffüllen, andrücken
Nomen: Pflanztopf, Übertopf, Blumenerde, Handschaufel, Wurzelballen, Zeitungsunterlage.
Adverbien: zuerst, dann, anschließend, nun, jetzt, schließlich

1. ______________________________

____

2. ______________________________

____

3. ______________________________

____

4. ______________________________

____

5. ______________________________

____

6. ______________________________

____

Einen Textentwurf schreiben

c Schreibe nun den Entwurf der Handlungsanleitung in dein Heft. Lass einen breiten Rand für spätere Überarbeitungen.

Den Entwurf überarbeiten

d Überarbeite deinen Entwurf anhand folgender Checkliste und schreibe die Endfassung in dein Heft.

- ☐ Teilhandlungen in sinnvoller Reihenfolge beschrieben?
- ☐ Genaue Begriffe und passende Verben verwendet?
- ☐ Sätze sinnvoll verknüpft?

Personen beschreiben

Beim **Beschreiben einer Person** informiert man andere über die äußeren Merkmale eines Menschen, sodass die Person wiedererkannt werden kann. Umfang und Inhalt einer Personenbeschreibung hängen vom Adressaten und vom Zweck der Beschreibung ab. Folgende Angaben sollten enthalten sein:

• **Gesamterscheinung**	Geschlecht, Alter, Größe, Figur
• **Einzelheiten**	Gesicht, Augen, Nase, Mund, Haare, Arme, Beine, Kleidung, Schmuck, …
• **besondere Merkmale**	Narben, Leberfleck, …

Eine Personenbeschreibung darf niemanden lächerlich machen oder beleidigen.

1 Selma hat während eines Stadtbummels auf der Klassenfahrt ihre Gruppe im Streit verlassen. Die herbeigerufene Polizistin bittet um eine Beschreibung. Aufgeregt reden alle Kinder durcheinander.

a Lies die verschiedenen Aussagen der Kinder über Selma.

„Selma ist genauso groß wie ich, also 1 Meter 40!“
„Typisch, dass sie einfach abgehauen ist, immer ist sie sofort beleidigt!“
„Sie hat ganz kurze, glatte, schwarze Haare, hat sie letzte Woche abgeschnitten!“
„Ja, das steht ihr gut, sie hat ein rundes Gesicht mit hoher Stirn und spitzem Kinn. Und große, braune Augen.“
„Hier, das ist ihre Jacke, wir haben heute Morgen getauscht!“
„Sie trägt dunkelgrüne Leggins, rote Shorts und ihre Turnschuhe sind auch rot.“
„Sie ist eine Heulsuse, bestimmt sitzt sie irgendwo und heult rum.“
„Ihr Rucksack ist auch grün, das ist ihre Lieblingsfarbe. Aber sie trägt meine Jeansjacke, die ist blau. Eigentlich ist ihr die viel zu weit.“
„Ja, Selma ist voll spargelig – äh, ganz schön dünn, wollte ich sagen.“
„Sie kann total schnell rennen und ist die Beste in Mathe!“
„Wir durften ja kein Handy mitnehmen! Sonst könnten wir sie anrufen!“
„Ihr T-Shirt ist weiß und da steht ‚Besser IQ als nur Kuh‘ drauf.“
„Gestern haben wir alle silbernen Glitzernagellack auf die Fingernägel gemacht.“

Tipp
Nutze zum Streichen einen Bleistift.

b Überlege, welche Aussagen für die Polizistin nicht hilfreich sind. Streiche sie und begründe deine Meinung kurz.

____

____

____

c Markiere die Informationen, die die Polizistin für eine sachliche Beschreibung von Selma verwenden kann.

Tipp
Weitere Kriterien für den Steckbrief können sein: Gesichtsform, Geschlecht, Augenfarbe, Kleidung, besondere Merkmale …

d Erstelle mithilfe der Informationen einen Steckbrief.

Kriterien	Beschreibungen
Name:	*Selma Göker*
Alter:	*12 Jahre*
Größe:	______
Gestalt	______

______

______

______

______

______

e Die Polizistin entdeckt Selma kurz darauf am Busbahnhof. Unterstreiche in deinem Steckbrief drei Merkmale, an denen sie Selma am ehesten erkennen konnte.

f Zeichne ein Bild von Selma nach deinen Angaben auf dem Steckbrief.

Eine Personenbeschreibung planen

2 Das Foto zeigt zwei Brüder im Alter von 11 und 14 Jahren. Suche dir aus, welche der beiden Personen du beschreiben möchtest.

a Fertige zuerst nach der Vorlage aus Aufgabe 1 d einen Steckbrief an.

Einen Textentwurf schreiben

b Formuliere deine Personenbeschreibung in zusammenhängenden Sätzen in deinem Heft.
Der Junge links ist ca. 11 bis 12 Jahre alt. Er trägt einen langen, grauschwarzen …

Den Entwurf überarbeiten

c Überarbeite deinen Text. Überprüfe dabei, ob du alle Merkmale des Jungen so genau und anschaulich beschrieben hast, dass man ihn nicht mit dem anderen Jungen verwechseln kann.

●●● **3** Schreibe eine vergleichende Personenbeschreibung über den zweiten Jungen. So könntest du beginnen:
Der Junge rechts ist größer als der Junge links …

2b Diese Wörter und Wortgruppen kannst du für deine Beschreibung nutzen.
Neoprenanzug / Boogie-Board / Sicherungsleine / Handgelenk / Schulterpartie, freundliches Lächeln / schmales Gesicht, hohe Stirn, breite Nase, eckiges Kinn / Aufdruck „Hang Loose“ / sonnengebleicht / vom Wind zerzaust

Pflanzen beschreiben

Eine **Beschreibung von Pflanzen** muss sehr genau und anschaulich sein, damit man die Pflanze wiedererkennen und von anderen eindeutig unterscheiden kann. Sie sollte folgende Angaben enthalten:
- Vorkommen, z. B.: *wächst von Juni bis Oktober in Nadelwäldern,*
- Bestandteile, z. B.: *besteht aus Wurzeln, Stamm und Ästen, hat Nadeln,*
- Blätter, z. B.: *hat handförmig gefiederte Blätter,*
- Blüten, z. B.: *hat große weiße Blüten mit jeweils fünf Blütenblättern,*
- Früchte, z. B.: *trägt kleine rote Beeren,*
- Essbarkeit der einzelnen Bestandteile, z. B.: *die Früchte sind essbar.*

1 Untersuche die folgende Pflanzenbeschreibung über die Balkonerdbeere.

a Lies die Beschreibung.

Die Balkonerdbeere

Die Balkonerdbeere ist eine Züchtung aus Deutschland. Sie ist eine winterharte Pflanze, wird 20 bis 30 cm hoch und sollte an einem sonnigen bis halbschattigen Platz stehen. Sie hat dunkelgrüne, runde Blätter mit gezahntem Rand. Ihre Blütenblätter sind ebenfalls rund und meist weiß, manche Sorten bilden auch dunkelrosafarbene Blüten aus. Von Mai an bis zum Frost bildet die Balkonerdbeere süße, essbare Früchte. Obwohl die Erdbeere zur Familie der Rosengewächse zählt, ist sie eine Sammelnussfrucht. Ihre eigentlichen Früchte, die kleinen gelben Nüsschen, trägt sie außen.

b Ordne die Informationen aus dem Text in den Steckbrief ein.

Name: ______________________

Herkunft: ______________________

Art: ______________________

Familie: ______________________

Größe: ______________________

Blätter: ______________________

Blüten: ______________________

Früchte: ______________________

Erntezeit: ______________________

sonstige Merkmale: ______________________

____

2 Die Balkontomate sieht der Balkonerdbeere auf den ersten Blick ähnlich.

Eine Pflanzenbeschreibung planen

Wortliste
20 bis 30 cm / rund / kugelig / Durchmesser 2 bis 4 cm / kleine Glöckchen / unreif / reif

a Sieh dir die Fotos genau an und notiere Stichpunkte, die dir bei der Beschreibung helfen. Nutze die Wortliste.

Größe: ______

Blüten: ______

Blätter: ______

Früchte: ______

b Ergänze deine Notizen um weitere Informationen. Schlage in einem Pflanzenbuch nach oder suche im Internet.

Herkunft: ______

Art: ______

Familie: ______

Blüte- und Erntezeit: ______

weitere Merkmale: ______

______

______

Eine Pflanzenbeschreibung entwerfen und überarbeiten

Tipp
Überprüfe auch Satzbau, Rechtschreibung und Zeichensetzung deiner Beschreibung.

c Formuliere die Beschreibung der Balkontomate in einem zusammenhängenden Text in deinem Heft.

d Überarbeite deinen Entwurf.
Prüfe, ob du die Merkmale in sinnvoller Reihenfolge genannt und die Pflanzenteile mit genauen Begriffen beschrieben hast.
Schreibe die Endfassung in dein Heft.

2c So kannst du deine Beschreibung beginnen.
Die Balkontomate ist wie alle Tomatensorten ein Nachtschattengewächs. Sie ist 20 bis 30 cm hoch …

Berichten

Ein **Bericht** informiert in der Regel knapp und sachlich über Ereignisse. Er beantwortet meist die wichtigsten *W*-Fragen. Die Auswahl der Informationen und die Gestaltung eines Berichts hängen davon ab, worüber, in welcher Situation, für welchen Zweck und für wen man berichtet.
Schriftliche Berichte über vergangene Ereignisse werden meist im **Präteritum** verfasst.
Berichte, in denen es unwichtig ist, wer handelt, werden in **unpersönlicher Ausdrucksweise** verfasst, z. B.:
Man hat das Fest gefeiert. (*man*-Form)
Das Fest wurde gefeiert. (Verbform im Passiv)

1 Sophia hat auf der Homepage ihrer Schule einen Bericht über den Ausflug ihrer Klasse zur Kulturinsel Einsiedel bei Görlitz veröffentlicht. Untersuche den Bericht.

Ein Ausflug zur Kulturinsel Einsiedel

Am 20. September 2019 unternahm unsere Klasse 6a gemeinsam mit unserem Klassenlehrer Herrn Richter und unserer Schulassistentin Frau Peters einen Ausflug zur Kulturinsel Einsiedel bei Görlitz. Nachdem wir nach einstündiger Fahrt endlich angekommen waren, gingen wir nach einer kurzen Einweisung durch einen Mitarbeiter auf Entdeckungstour. Wir kletterten auf Türme, überquerten Brücken und krochen durch Röhren und Tunnel. Weil Morris und mir so heiß war, haben wir uns am Wasserspielplatz erfrischt. Wir haben noch viele andere Möglichkeiten zum Spielen und Toben erkundet.
Man kann auf dem Abenteuergelände auch übernachten. Dazu wurden Baumhäuser und andere interessante Übernachtungsmöglichkeiten errichtet. Wir entdeckten dort auch eine Reihe von Tieren, z. B. eine Vierhornziege auf einem Dach, ein Baumhaus für Hühner, ein Streichelgehege und vieles mehr. Das war ein toller, erlebnisreicher Ausflug, den ich unbedingt weiterempfehlen möchte.
Sophia Krone, Klasse 6a, 25.09.20..

a Beantworte mithilfe des Textes folgende Fragen:

Wer hat den Bericht verfasst? ____________________

Was ist der Zweck dieses Berichts? ____________________

____

Für wen wurde der Bericht verfasst? ____________________

____

b Lies den Text noch einmal und suche die Textstellen, die Antwort auf weitere *W*-Fragen geben. Notiere in deinem Heft stichpunktartig die Fragen und die Antworten.

1 b Folgende *W*-Fragen kannst du noch beantworten.
Wann war der Ausflug? Wohin ging der Ausflug? Was hat die Klasse erlebt?

2 Untersuche die Zeitformen in Sophias Bericht.

a Markiere in Sophias Text die Sätze, die im Präteritum verfasst wurden.

Tipp
Sophia verwendet drei weitere Zeitformen.

b Untersuche, welche weiteren Zeitformen Sophia verwendet hat.
Notiere sie.

____

c Überlege, in welchen Sätzen du eine andere Zeitform verwenden würdest.
Schreibe die veränderten Sätze in dein Heft.

3 Sophia hat unterschiedliche Ausdrucksweisen verwendet.

a Schreibe Beispiele für die verschiedenen Ausdrucksweisen heraus.

persönliche Ausdrucksweise: ______________________________

____

unpersönliche Ausdrucksweise: ______________________________

____

●●● b Wandle zwei Sätze aus dem Bericht in unpersönliche Ausdrucksweise um und schreibe sie in dein Heft.

4 Leon hat mit seiner Klasse das Freilichtmuseum Diesdorf besucht.
Er möchte einen Bericht für die Schülerzeitung zum Thema „Tipps für Klassenausflüge" schreiben.

Den Bericht planen

a Ordne folgende Fakten den wichtigsten *W*-Fragen zu und lege eine Reihenfolge fest. Schreibe in dein Heft.

Der Klassenausflug zum Freilichtmuseum Diesdorf

- Rundgang: Besichtigung der Wohn- und Wirtschaftsgebäude (z. B. Bauernhäuser, Speicher, Bockwindmühle, Dorfschule)
- Klasse 6 b / Klassenlehrer Herr Walter / Mutter von Sören Riedel
- zum Abschluss auf den Naturspielplatz
- Vorführung in der Dorfschmiede und in der Böttcherei
- Erkundung der Lebensweise der Menschen in den vergangenen Jahrhunderten
- Geschichtskenntnisse durch den Museumsbesuch vertieft
- Diesdorf, 2. Oktober 20.. (von 10.30 – 14.00 Uhr)

Den Bericht formulieren

b Schreibe einen Entwurf von Leons Bericht. Überlege, für wen der Bericht geschrieben werden soll und ob er persönlich oder unpersönlich formuliert werden sollte. Schreibe in dein Heft.

Den Bericht überarbeiten

c Überarbeite deinen Entwurf. Schreibe die Endfassung.

Erzählen

Geschichten nacherzählen

Möchte man eine Geschichte **nacherzählen**, muss man zuerst den Text genau lesen bzw. gut zuhören. Zur Vorbereitung der Nacherzählung teilt man den Text in Abschnitte ein und notiert Stichpunkte zum Ablauf der Handlung. Dabei muss man auf die zeitliche Reihenfolge, auf den Ort der Handlung und auf die handelnden Personen bzw. Figuren achten. Man erzählt **mit eigenen Worten** nach, kann aber wörtliche Rede und besondere Formulierungen auch unverändert übernehmen.

1 Kennst du Nasreddin Hodscha, die historische Schelmenfigur, die im 14. Jahrhundert in Persien gelebt haben soll?

a Lies folgende Geschichte über ihn.

Paul Maar

Der Langschläfer

Als Nasreddin noch ein Junge war, schlief er morgens immer sehr lange und war kaum aus dem Bett zu kriegen. Sehr zum Ärger seines Vaters, der ein Frühaufsteher war. Alle Ermahnungen halfen nichts.
„Warum sollte ich so früh aufstehen, wenn ich doch gerne schlafe?", fragte Nasreddin dann.
„Früh aufstehen bringt Glück", sagte sein Vater.
„Glück? Für mich ist es eher ein Unglück, wenn ich früh aus dem warmen Bett muss", sagte Nasreddin.
Eines Tages kam Nasreddins Vater an das Bett seines Sohnes und sagte: „So, nun kann ich dir beweisen, welchen Vorteil es hat, wenn man früh aufsteht."
„Da bin ich aber gespannt", sagte Nasreddin.
Sein Vater erzählte: „Heute Morgen ging ich ganz früh, fast zur Morgendämmerung, durch die Straße. Und was fand ich? Eine Geldbörse, die jemand dort verloren hatte. Wäre ich später aufgestanden, hätte ein anderer vor mir die Geldbörse gefunden und mitgenommen. Glaubst du mir jetzt, dass es Glück bringt, früh aufzustehen?"
„Nein", sagte Nasreddin.
„Was heißt ‚nein'?", fragte der Vater. „Hat mir das frühe Aufstehen etwa kein Glück gebracht?"
„Du vergisst dabei, dass der Unglückliche, der die Geldbörse verloren hat, noch früher aufgestanden sein muss als du. Also bringt frühes Aufstehen Unglück", sagte Nasreddin, gähnte, drehte sich auf die andere Seite und schlief weiter.

b Gefällt dir die Geschichte? Begründe deine Meinung.

____

____

> Eine **Schelmengeschichte** ist eine kurze, meist scherzhafte Erzählung, in der ein Schelm oder ein Narr andere überlistet. Meist spielt ein Schwächerer (ein Schelm) einem Stärkeren (z. B. einem Herrscher) einen Streich. Zunächst wurden die Geschichten mündlich weitererzählt, später dann aufgeschrieben.

c Der Text ist eine Schelmengeschichte. Belege das mithilfe der Merkmale aus dem Merkkasten. Schreibe in dein Heft.

2 Erzähle die Geschichte nach.

a Lies den Text noch einmal und markiere alle Angaben über Zeit und Ort der Handlung.

b Notiere in Stichpunkten, welche Figuren auftreten und was man über sie erfährt.

Nasreddin ______________________

____

____

____

c Teile den Text jetzt in vier Abschnitte ein. Notiere jeweils Teilüberschriften.

– Einleitung: Nasreddin ist Langschläfer (Zeilen 1 bis 3)

– ______________________ *(Zeilen bis)*

– ______________________ *(Zeilen bis)*

– Schluss: ______________________ *(Zeilen bis)*

Tipp
Erzähle hauptsächlich im Präteritum, beachte aber auch, welche anderen Zeitformen beim Nacherzählen gebraucht werden.

d Überlege, zu welchen Abschnitten du dir weitere Stichpunkte notieren solltest. Schreibe sie in dein Heft.

e Schreibe jetzt einen Entwurf deiner Nacherzählung ins Heft.

f Überarbeite deine Nacherzählung mithilfe folgender Checkliste und erstelle die Endfassung.

Checkliste: Eine Geschichte nacherzählen	
Habe ich das Geschehen vollständig und in der richtigen Reihenfolge erzählt?	☐
Habe ich die wichtigsten Aussagen, Gedanken und Gefühle der Figuren wiedergegeben?	☐
Habe ich passende Zeitformen (Tempusformen) verwendet?	☐

2e Du kannst deine Nacherzählung z. B. so beginnen.
Nasreddin war als Kind ein Langschläfer. Es ärgerte seinen Vater sehr, dass …

Erzählkerne ausgestalten

Erzählkerne geben Ort, Zeit und Personen oder Figuren sowie wichtige Handlungsschritte vor. Man kann zum Beispiel Zeitungsmeldungen nehmen und sie zu einer Erzählung ausgestalten, entweder zu einer **realistischen Erzählung** oder auch zu einer **Fantasieerzählung**.
Zunächst entnimmt man dem Erzählkern alle wichtigen Informationen.
Dann denkt man sich eine passende Geschichte dazu aus. Zusätzliche Personen oder Figuren und Handlungsschritte können hinzugefügt werden. Außerdem muss man noch eine Einleitung, einen Schluss und eine passende Überschrift formulieren.

1 Urzeitparks sind beliebte Ausflugsziele für Abenteuerlustige.

a Lies folgende Zeitungsmeldung.

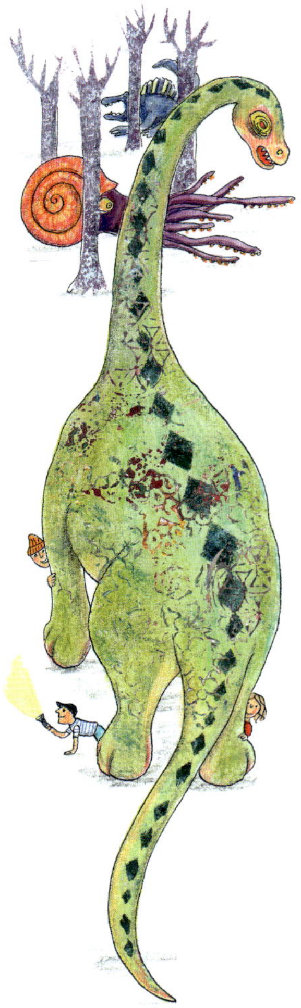

Nächtlicher Einsatz im Urzeitpark

Drei Dreizehnjährige wurden letzte Nacht im Urzeitpark entdeckt. Bei einem Routinerundgang war das Wachpersonal gegen 23:00 Uhr auf die zwei Jungen und ein Mädchen gestoßen, die sich versteckt hatten, um eine abenteuerliche Nacht zu verbringen. Sie hatten sich absichtlich einschließen lassen und waren offenbar gut vorbereitet. Alle hatten Proviant, Taschenlampen und Regenjacken dabei. Ihren Eltern hatten sie erzählt, sie würden bei Freunden übernachten.

b Der Text eignet sich als Erzählkern. Entnimm ihm die wichtigsten Informationen. Beantworte dazu folgende *W*-Fragen stichpunktartig.

Wer? ______________________________

____

____

Wo? ______________________________

Was? ______________________________

____

____

____

Wann? ______________________________

Warum? ______________________________

____

____

2 Erfinde eine Geschichte zu dieser Zeitungsmeldung.

a Was ist bei der nächtlichen Erkundung passiert?
Stelle deine Erzählidee in einem Cluster dar. Erstelle ein Cluster nach folgendem Muster in deinem Heft. Lass genug Platz dafür.

b Überlege dir, wie du die drei Kinder darstellen möchtest. Du kannst sie mit Namen oder Spitznamen, besonderen Eigenschaften und Verhaltensweisen versehen. Ergänze dein Cluster.

Tipp
Achte auf die passende Reihenfolge der Ereignisse.

c Sollen noch weitere Figuren in deiner Geschichte vorkommen?
Wenn ja, ergänze dein Cluster um Angaben zu diesen Figuren.

3 Formuliere mithilfe deines Clusters einen Entwurf deiner Geschichte.

a Notiere in deinem Heft stichpunktartig alle Handlungsschritte deiner Geschichte.

●●● **b** Überlege, ob und an welcher Stelle deine Geschichte einen Höhepunkt haben soll. Ergänze deine Stichpunkte gegebenenfalls.

Tipp
Erzähle hauptsächlich im Präteritum, überlege aber auch, welche anderen Zeitformen gebraucht werden, z. B. um vorher Geschehenes auszudrücken oder eine besondere Wirkung zu erzeugen.

c Entwirf zunächst die Einleitung deiner Geschichte. Überlege dazu, wer die Geschichte erzählen soll und in welcher Form erzählt werden soll: Ich-Form oder Er- bzw. Sie-Form.

d Schreibe nun den gesamten Entwurf der Abenteuergeschichte in dein Heft. Lass einen breiten Rand zum Überarbeiten oder schreibe deine Geschichte am PC.

4 Überarbeite deinen Entwurf mithilfe folgender Checkliste und schreibe die Endfassung. Gib deiner Geschichte auch eine passende Überschrift.

Checkliste: Den Erzählkern ausgestalten	
Habe ich die Handlung in einer sinnvollen Reihenfolge erzählt?	☐
Habe ich Gefühle und Gedanken der Figuren einbezogen?	☐
Habe ich wörtliche Rede verwendet, um die Geschichte lebendig wirken zu lassen?	☐
Habe ich die gewählte Erzählperspektive durchgängig verwendet?	☐
Habe ich passende Zeitformen (Tempusformen) verwendet?	☐
Weckt meine Überschrift das Interesse der Leserin oder des Lesers?	☐
Habe ich eine zum Lesen anregende Geschichte geschrieben?	☐
Habe ich einen passenden Schluss verfasst?	☐

3c Du kannst z. B. so beginnen.
Eigentlich war es ein guter Plan. Das dachten wir jedenfalls. Genau genommen hatte ich die Idee zuerst. Denn ich war schon einmal in einem Urzeitpark gewesen und ...

Eine Lügengeschichte schreiben

Eine **Lügengeschichte** ist eine Erzählung, die eine Reihe von Lügen enthält. Die Ich-Erzählerin bzw. der Ich-Erzähler übertreibt im Laufe der Geschichte immer stärker. Dadurch sind die Lügen eindeutig zu erkennen und wirken unterhaltend.

Ein **Erzählplan** kann helfen, eine Lügengeschichte zu erfinden.
Dazu stellt man sich folgende Fragen:
- **Worüber** soll erzählt werden?
- Welche **Handlungsschritte** sind wichtig?
- An welchen **Orten** und zu welcher **Zeit** geschieht etwas?
- Welche **Personen** oder **Figuren** spielen eine Rolle?
- Welche **Dialoge** sollen an welcher Stelle eingebaut werden?
- Welche **Einleitung** macht die Leserinnen und Leser neugierig?
- Welcher **Schluss** rundet die Geschichte ab?

1 Erfinde eine Lügengeschichte mithilfe eines Erzählplans.

Tipp
Überlege dir eine passende Überschrift für die Geschichte und schreibe sie in die Mitte des Clusters.

a Überlege zuerst, worüber erzählt werden soll. Sammle Ideen mithilfe des folgenden Clusters.

b Ordne deine Ideen jetzt. Notiere in deinem Heft stichpunktartig die Handlungsschritte. Denke dabei auch an passende Übertreibungen.

c Notiere, an welchem Ort und zu welcher Zeit das Geschehen stattfindet.

1 b Du kannst z. B. folgende Ideen nutzen.
Begegnung mit einem Troll / Unterwasserritt auf einem Pferd / Weltumseglung auf einem Drachenboot
Übertreibungen kannst du z. B. mithilfe von Adjektiven und Vergleichen formulieren:
turmhohe Wellen / riesige Arme / ungeheure Kräfte / winzig kleine Käfer / hoch wie ein Kirchturm / Flügel wie ein urzeitlicher Drache

d Überlege, welche Personen oder Figuren eine Rolle spielen sollen. Notiere anschauliche Adjektive und bildhafte Vergleiche zu deren Beschreibung.

____

____

____

____

____

____

e Verfasse in deinem Heft mögliche Dialoge der Personen bzw. Figuren in wörtlicher Rede.

f Notiere in Stichpunkten, wie du deine Lügengeschichte einleiten und wie du deine Lügengeschichte abschließen möchtest.

Tipp
Erzähle hauptsächlich im Präteritum, überlege aber auch, welche anderen Zeitformen gebraucht werden, z. B. um vorher Geschehenes auszudrücken oder eine besondere Wirkung zu erzeugen.

2 Schreibe einen Entwurf der Geschichte in dein Heft. Lass einen breiten Rand zum Überarbeiten oder schreibe deine Geschichte am PC.

3 Überarbeite deine Geschichte mithilfe der folgenden Checkliste und schreibe die Endfassung.

Checkliste: Den Textentwurf überarbeiten	
Enthält meine Geschichte alle Handlungsschritte in einer sinnvollen Reihenfolge?	☐
Hat meine Geschichte eine zum Lesen anregende Einleitung und einen passenden Schluss?	☐
Hat meine Geschichte interessante Personen oder Figuren?	☐
Gehe ich auf die Gedanken und Gefühle der Figuren ein?	☐
Habe ich wörtliche Rede eingebaut, damit die Geschichte lebendig wird?	☐
Habe ich treffende Adjektive, Verben und bildhafte Vergleiche verwendet, um die Personen bzw. Figuren und das Geschehen anschaulich darzustellen?	☐
Habe ich passende Zeitformen verwendet?	☐
Habe ich unnötige Wortwiederholungen (auch am Satzanfang) vermieden?	☐
Habe ich die Rechtschreibung überprüft?	☐

Götter- und Heldensagen lesen und verstehen

Götter- und Heldensagen sind ursprünglich mündlich überlieferte Erzählungen, die vom Anfang der Welt, von Göttern, Helden und deren Taten handeln. Oft geht es darin um Sieg und Niederlage, um Kampf und Bewährung und um abenteuerliche Reisen. Die Helden stehen häufig in Kontakt mit den Göttern, haben magische Helfer oder übernatürliche Kräfte. Trotzdem enthalten viele Heldensagen einen wahren historischen Kern.

Tipp
Suche nach Informationen über die Stadt Uruk. Recherchiere in Nachschlagewerken oder im Internet.

1 Die Sage über Gilgamesch ist eine der ältesten Sagen der Welt.

a Lies zuerst, was darüber bekannt ist.

Über die Gilgamesch-Sage

Die Gilgamesch-Sage ist vermutlich 5.600 Jahre alt. Sie stammt aus dem Gebiet des heutigen Irak. Gilgamesch soll zu zwei Dritteln ein Gott und zu einem Drittel ein Mensch gewesen sein. Er regierte als König in der Stadt Uruk. Gilgameschs größter Wunsch war es, unsterblich wie ein Gott zu werden. Er hatte einen besten Freund, Enkidu. Beide waren ungefähr gleich stark. Enkidu war jedoch kein echter Mensch, sondern ein Tiermensch, dessen Körper mit Fell bedeckt war.

b Beantworte folgende *W*-Fragen in deinem Heft:
- Wie alt ist die Sage vermutlich?
- Wo ist sie entstanden?
- Wer ist Gilgamesch?
- Wo regierte er?
- Wie heißt sein Freund?
- Was ist das Besondere an diesem Freund?

c Schreibe einen deiner Meinung nach passenden Titel für die Gilgamesch-Sage auf.

Die Gilgamesch-Sage (1. Teil)

Gilgamesch und Enkidu waren von Uruk losgezogen, um Baumsetzlinge[1] zu holen. Doch im Wald herrscht der Wächter der Bäume, das Ungeheuer Huwawa.

Am Abend des dritten Tages erreichten die Freunde den Zedernwald[2] und schlugen vor dem Eingangstor ihr Lager auf. Nach einem einfachen Nachtmahl legten sie sich erschöpft zum Schlaf nieder. Gilgamesch aber träumte, dass die Erde brüllend bebte und der Tag zur finsteren Nacht wurde. Tod und Verderben regneten aus schwarzen Wolken herab auf die Erde. Blitze zerrissen den Nachthimmel. Eine riesige helle Flamme schoss hinauf bis in die Wolken. Dann verschwand der Feuerschein und die Flamme erlosch. Vor Schreck erwachte Gilgamesch aus diesem Traum, weckte Enkidu und erzählte ihm davon. „Was bedeutet mein Traum?“, fragte er, „werden wir morgen sterben?“ Aber Enkidu deutete den Traum so, dass die Blitze und die Flamme Gilgamesch seien und er mit dieser Kraft das Ungeheuer besiegen würde. Da war Gilgamesch beruhigt.

1 sehr junge Bäume

2 Nadelbaumart

[3] hindurch- oder vorbeigehen

[4] Fluss im heutigen Iran/Irak

Als die Morgensonne über dem Zedernwald aufging, passierten[3] die Helden das Eingangstor.
[...] Die hoch aufragenden, geraden Zedernstämme standen streng ausgerichtet da [...] und ihre unglaubliche Anzahl konnte sich mit der unendlichen Menge der Wassertropfen im Euphrat[4] problemlos messen. [...]
„Hier ist es schöner als in allen Gärten Uruks", sagte Gilgamesch ergriffen. Prüfend berührte er einen Baumstamm, um die lebendige, warme Rinde spüren zu können.
„Ja, und es ist eine wilde Schönheit, mit einem einzigen Hüter – Huwawa", ergänzte Enkidu. „Er wandert auf einigen wenigen Schneisen ganz allein durch sein Revier und sieht überall nach dem Rechten. Mit einem Schnippen seiner Klauen könnte er mehr Bäume fällen als alle Urukäer mit ihren Äxten in einem Jahr. Aber so einen Frevel würde er nie begehen. Er ist der Wächter der Bäume, nicht ihr Henker."
„Damit hast du zwar recht, aber denk bloß nicht zu gut über ihn", warnte Gilgamesch. „Er ist und bleibt ein Monster, ein Geschöpf Enlils, des Herrn der Erde. Und du kennst Enlils Befehl! Huwawa muss diesen Wald schützen. Kein Sterblicher darf ihn betreten, auch du und ich nicht. Und da wir trotzdem hier sind, ..."
„... sind wir Einbrecher und gehören bestraft", beendete sein Freund grimmig den Satz. „Am besten wär's, das Monster frisst uns auf."
„Ganz genau", bestätigte Gilgamesch. Entschlossen umklammerte er den Griff seiner Streitaxt. „Da wir aber nicht als Diebe enden wollen, sondern als unsterbliche Helden, müssen wir mit Huwawa kämpfen. Vielleicht besiegen wir ihn sogar? Die Gedanken der Götter sind unergründlich!"
Die Freunde [...] drangen auf Huwawas Pfaden tief in den Wald ein, ohne dass das Ungeheuer sie aufgehalten hätte. Im Zentrum des Waldes stand der heiligste Baum, ein uralter, mächtiger Riese. Vier Quellen nährten ihn, und seine Krone berührte beinahe die Wolken. Hundert Männer hätte man gebraucht, um den Stamm dieses Baumriesen mit ausgestreckten Armen zu umfassen.
Gilgamesch legte seine mächtige Axt prüfend an die feste Rinde der Zeder. Huwawa reagierte trotzdem nicht. Da schlug Gilgamesch mehrmals kraftvoll auf den Baum ein und verletzte ihn. Borke prasselte zu Boden, Äste brachen knirschend ab. Die Axtschläge dröhnten durch den Wald. Der ungewohnte Lärm rief nun endlich den Wächter herbei.
„Wer wagt es!", brüllte er mit Donnerstimme. „Wer legt Hand an die Götterbäume?" Huwawa raste heran wie eine Sturmflut. Seine Augen glühten rot vor Wut. Das aufgerissene Maul des Monsters sah aus wie ein wahr gewordener Albtraum – dreieckig, mit messerscharfen, spitzen Zähnen. Er zischte und fauchte, und sein giftiger Atem ließ reihenweise die Kronen jener Bäume verdorren, an denen er vorbeijagte. Unter dem Panzermantel des Ungeheuers peitschte ein krokodilartiger Schwanz wütend hin und her. Wenn er damit gegen die Bäume schlug, brach die Rinde ab, und tiefe Wunden blieben im Holz zurück.
Bei Huwawas Anblick fühlten sich die Freunde wie gelähmt. Keiner der beiden war mehr in der Lage, seine Waffen zu benutzen. Gleich würden sie den giftigen Odem des Monsters einatmen müssen, und dann ... ja, was dann? War dies schon ihr Ende?

d Stelle Vermutungen an, warum das Ungeheuer die beiden Eindringlinge nicht sofort verjagt hat.

____

____

____

____

2 Lies den Text noch einmal.

a Die Freunde gehen trotz der großen Gefahr in den Zedernwald, um Baumsetzlinge zu holen.
Stelle Vermutungen an, wozu sie die Setzlinge brauchen könnten.

____

____

____

____

b Überlege, wie die Geschichte weitergehen könnte.
Notiere deine Ideen in deinem Heft.

3 Lies nun die Fortsetzung der Sage.

a Finde heraus, wer Gilgamesch auf welche Weise hilft.

Die Gilgamesch-Sage (2. Teil)

Gilgamesch flehte den Sonnengott Utu laut um Hilfe an. Und das Unglaubliche geschah. Hoch oben, in seinem Himmelswagen, erhörte Utu die Bitte. „Greift das Ungeheuer an und fürchtet euch nicht!“, rief er den Helden zu. „Ich helfe euch!“ […]
Dreizehn Winde schickte Utu gegen Huwawa. Sie lähmten ihn, drückten ihn machtvoll zur Erde und schlugen ihn mit Blindheit, sodass er seinen eigenen Lähmungs- und Todesblick nicht mehr gegen die Helden einsetzen konnte.
Da hob Gilgamesch seine Axt und hieb Huwawa nieder.
„Töte mich nicht!“, flehte das Ungeheuer. „Du sollst mein Herr, ich will dein Sklave sein. Ich will dir so viele Zedern geben, wie du haben willst, und du kannst dir aus ihrem Holz Tempel, Häuser und Schiffe bauen. Nur schone mein Leben!“
Gilgamesch zögerte. Die Winde, die Huwawa noch immer zügelten, fauchten warnend. „Er lügt“, sagte Enkidu verächtlich. „Du kannst ihm nicht glauben. Denk an deinen Traum! Niemals wird dieses Monster dir verzeihen, was du ihm heute angetan hast!“

b Wie sollte Gilgamesch sich deiner Meinung nach entscheiden? Notiere und begründe deine Vorschläge.

____

____

____

____

c Lies nun das Ende der Sage.

Die Gilgamesch-Sage (3. Teil)

Szene aus der Gilgmesch-Sage

Da schlug Gilgamesch den Kopf des Ungeheuers ab. Doch bevor es starb, verfluchte es den König mit seinem letzten Atemzug. „Räche mich, Enlil, Herr der Erde!“, röchelte es. „Gilgamesch hat dir Unrecht getan. Er hat mich, den treuen Wächter deiner Zedern, ermordet. Dafür soll er verflucht sein! Die heiligen Bäume sollen ihm kein Glück bringen. Und unsterblich soll er auch nicht werden. Höre mich, oh Herr der Erde!“ Huwawas Augen brachen. [...] „Utu sei Dank“, sagte Gilgamesch erleichtert. „Diesen Kampf haben wir gewonnen. Als Beweis werden wir ein paar junge Zedern nach Uruk mitnehmen. Sonst glaubt uns dieses Abenteuer doch kein Mensch.“ [...] Und der Sonnengott Utu [...] wusste, dass Gilgamesch und Enkidu ihn in drei Tagen zur Siegesfeier einladen würden – nach Uruk, der stolzen Stadt am Euphrat.

d Ist Gilgamesch ein typischer Sagenheld? Begründe deine Meinung.

____

____

____

____

4 Untersuche jetzt das Ungeheuer Huwawa genauer. Schreibe in dein Heft.

a Lies im Auszug von Aufgabe 1 a noch einmal nach, wie sich Enkidu über Huwawa äußert. Markiere die Textstellen.

b Überlege, warum es in dem Wald einen so ungeheuerlichen „Wächter der Bäume“ geben könnte. Notiere deine Vermutungen in deinem Heft.

c Wie beurteilst du das Ungeheuer? Begründe deine Meinung in deinem Heft.

> **Tipp**
> Wenn möglich, tausche dich mit anderen darüber aus.

5 Begründe, warum es sich bei der Geschichte über Gilgamesch und Enkidu um eine Götter- und Heldensage handelt. Schreibe in dein Heft.

Gedichte lesen und verstehen

Um **Gedichte** zu erfassen und miteinander zu vergleichen, untersucht man:
- die **Grundstimmung**,
- die Stimmung, Gedanken und Gefühle des **lyrischen Ichs** (der lyrischen Sprecherin bzw. des lyrischen Sprechers),
- den **Aufbau**, z. B. Strophen, Verse, Reimschema (zu den Reimschemata gehören: **Paarreim**: a a b b, **Kreuzreim**: a b a b und **umarmender Reim**: a bb a), besondere Formen,
- die **Sprache**, z. B. sprachliche Bilder, Vergleiche, Personifizierungen.

1 Untersuche das folgende Gedicht.

a Lies das Gedicht.

Josef Guggenmos

Bruder Ahorn

Ich lege mein Ohr
an den Ahorn, fast hör ich
es schlagen, sein Herz.

Tipp
Du kannst auch überlegen, welche Farbe für dich zum Gedicht passt.

b Beschreibe, welche Grundstimmung für dich von dem Gedicht ausgeht.

____

c In welcher Stimmung könnte das lyrische Ich sein?
Stelle Vermutungen an.

____

____

____

d Das Gedicht hat einen besonderen Aufbau. Untersuche den Aufbau.
Ermittle dazu die Anzahl der Verse und Silben je Vers.

____

e Vergleiche deine Ergebnisse mit dem folgenden Merkkasten.

Ein **Haiku** ist eine ursprünglich aus Japan stammende Gedichtform.
Ein Haiku besteht aus 17 Silben, die auf 3 Verse verteilt sind: 5, 7, 5.
Meist geht es in Haikus um Naturbeobachtungen.

f Lies das Haiku mehrfach laut. Probiere aus, wie man die Verse sprechen könnte.

●●● **g** Schreibe selbst ein Haiku zu einer Naturbeobachtung in dein Heft.

2 Untersuche und vergleiche die folgenden Naturgedichte von Christine Busta.

a Lies zuerst das Gedicht *Der Sommer*.

Christine Busta

Der Sommer

Er trägt einen Bienenkorb als Hut
blau weht sein Mantel aus Himmelsseide,
die roten Füchse im gelben Getreide
kennen ihn gut.
Sein Bart ist voll Grillen. Die seltsamsten Mären[1]
summt er der Sonne vor, weil sie's mag,
und sie kocht ihm dafür jeden Tag
Honig und Beeren.

[1] *Mären:* Geschichte

Christine Busta

Für den Winterabend

Wenn der Mondmann geht ums Haus,
weht der Schnee bald leiser,
nur die rote Feuermaus
huscht noch durch die Reiser[2].
Leiser, als die Spinne spinnt,
webt im Ofenloch der Wind
Träume schon für Vater,
Mutter, Kind und Kater.

[2] *Reiser:* Zweige

b Markiere für dich besonders wirkungsvolle Wörter oder Textstellen.

Wortliste
fröhlich / traurig / wehmütig / ruhig / beschwingt / zufrieden / aufgeregt

c Welche Grundstimmung geht für dich von dem Gedicht aus? Markiere passende Adjektive in der Wortliste.

d Überlege, wie das lyrische Ich sich fühlen könnte. Notiere mögliche Gedanken und Gefühle des lyrischen Ichs. Schreibe in dein Heft.

e Untersuche das Gedicht genauer. Erstelle in deinem Heft eine Tabelle nach folgendem Muster und ergänze die Spalte zu Gedicht 1.

Tipp
Zu einigen Merkmalen gibt es unterschiedliche Lösungen.

Merkmale	Gedicht 1	Gedicht 2
Dichter bzw. Dichterin	Christine Busta	
Titel, Überschrift	Der Sommer	
Thema	Naturbeobachtung	
Grundstimmung		
Stimmung des lyrisches Ichs		
Strophen, Verse		
Reimschema		
Sprache • sprachliche Bilder, z. B.: • Vergleiche, z. B.: • Personifizierungen, z. B.: • Besonderheiten, z. B.:		

f Lies jetzt das Gedicht *Für den Winterabend* und untersuche es. Gehe dazu vor wie in den Aufgaben b bis e.

g Vergleiche beide Gedichte. Formuliere Gemeinsamkeiten und Unterschiede in wenigen Sätzen. Schreibe in dein Heft.

Sachtexte erschließen

Sachtexte lesen und verstehen

Diagonallesen

Slalomlesen

Um einen Sachtext richtig und vollständig zu verstehen, kann man die **5-Gang-Lesemethode** nutzen:

1. Den Text überfliegen:
- sich einen ersten Eindruck vom Inhalt verschaffen
- auf Einleitungen, Zwischenüberschriften, Grafiken oder Bilder achten

2. Fragen an den Text stellen:
- überlegen, welche Fragen der Text beantworten kann

3. Den Text gründlich lesen:
- den Text in Abschnitte gliedern und Teilüberschriften formulieren
- unbekannte Wörter erschließen oder nachschlagen

4. Das Wichtigste erfassen:
- abschnittsweise lesen, wichtige Informationen markieren oder notieren

5. Den Text noch einmal lesen:
- kontrollieren, ob alles Wichtige erfasst wurde

1 Verschaffe dir zuerst einen Überblick über den Text.

a Lies zunächst die Überschrift und sieh dir die Abbildungen an.
Notiere stichpunktartig deine Erwartungen an den Inhalt des Textes.

____

____

Den Text überfliegen

b Überfliege nun den Text. Wähle dazu eine Art des überfliegenden Lesens (Diagonallesen oder Slalomlesen) aus.
Achte auch auf hervorgehobene Wörter.

Die Olympischen Spiele im Wandel der Zeit

Olympia

Die Olympischen Spiele haben ihren Ursprung im antiken Griechenland. Es gibt sie seit etwa 2500 Jahren. Die Wettkämpfe wurden im Heiligen Hain von Olympia auf der Halbinsel Peloponnes vor allem zu Ehren des Gottes Zeus durchgeführt. Die Sportler kamen aus den griechischen Stadtstaaten. Sie kämpften ausschließlich um den Sieg, denn nur die Sieger wurden geehrt, und zwar mit einem Kranz aus Olivenzweigen. Medaillen gab es damals nicht. An den Wettkämpfen in Olympia durften nur freie Männer teilnehmen. Die Sportler waren gut durchtrainiert und kämpften nackt. Zuerst gab es nur eine Disziplin: den Stadionlauf. Erst später kamen weitere Disziplinen hinzu, z. B. Kampfsportarten wie Faustkampf, Wagenrennen und Pferdewettreiten. Besonders beliebt war der Fünfkampf, bestehend aus Diskuswurf, Weitsprung, Speerwurf, Lauf und meist auch Ringkampf. Die Olympischen Spiele dauerten damals etwa fünf bis sechs Tage. Sie wurden immer im Sommer durchgeführt, in der Regel alle vier Jahre.

Die ersten Olympischen Spiele der Neuzeit, 1896

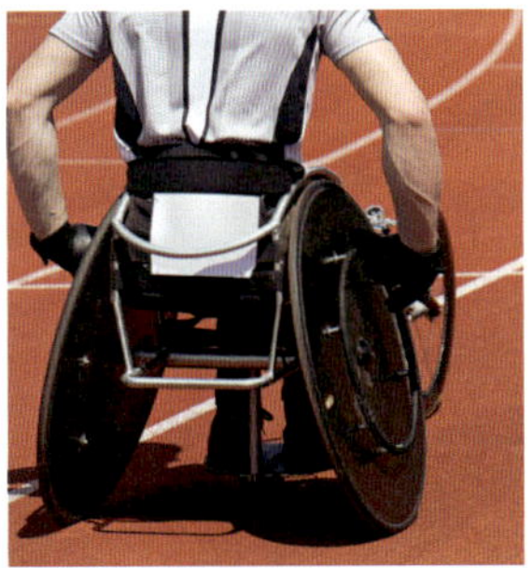

Ein Sportler bei den Paralympischen Spielen

Nach der Eroberung Griechenlands durch die Römer fanden die Spiele zunächst weiterhin statt. Im Jahr 394 (n. Chr.) soll der römische Kaiser Theodosius die Olympischen Spiele verboten haben, weil deren Ursprung ein heidnischer Brauch gewesen war.

Viele Jahrhunderte vergingen, bis endlich 1896 die ersten Olympischen Spiele der Neuzeit in Athen stattfanden. Die Idee dazu stammt von dem französischen Baron Pierre de Coubertin. Er wollte mithilfe der sportlichen Wettkämpfe junge Menschen aus der ganzen Welt zu einem friedlichen Miteinander verbinden. Zuerst gab es nur Olympische Sommerspiele, ab 1924 dann auch Olympische Winterspiele, und zwar genau wie zu Beginn alle vier Jahre. Anders als damals werden die besten Sportlerinnen und Sportler nun aber mit Medaillen geehrt. Im Laufe der Zeit wurden immer mehr Sportdisziplinen zugelassen, beispielsweise Beachvolleyball, Trampolinturnen und Curling. Andere Sportarten, zum Beispiel das Tauziehen, wurden dagegen gestrichen.

Seit 1960 finden im Anschluss an die Olympischen Spiele die Paralympischen Spiele für Sportlerinnen und Sportler mit Behinderung statt. Außerdem gibt es seit 2010 die Olympischen Jugendspiele, für die sich Jugendliche zwischen 15 und 18 Jahren qualifizieren können.

c Markiere in deinen Stichpunkten zu Aufgabe 1a (S. 27), welche der Erwartungen vom Text erfüllt werden könnten.

Fragen an den Text stellen

2 Überlege jetzt, welche Fragen der Text beantworten könnte.

a Notiere mindestens drei Fragen, auf die der Text eine Antwort geben könnte.

____

____

____

____

____

b Notiere Schlüsselwörter zu deinen Fragen, nach denen du beim Lesen gezielt suchen kannst.

____

____

____

____

____

2a Gut geeignet sind *W*-Fragen.
Wo? Wann? Wer? Warum?

Den Text gründlich lesen

3 Erschließe den Inhalt des Textes jetzt schrittweise.

a Lies den Text gründlich. Teile ihn in Abschnitte ein und notiere zu jedem Abschnitt eine Überschrift.

____

____

____

____

____

Tipp
Schlage dir unbekannte Wörter in einem Wörterbuch nach.

b Lies den Text noch einmal abschnittsweise und beantworte folgende Fragen stichpunktartig.

1 Wo fanden in der Antike die Olympischen Spiele statt?

____

2 Wer hatte die Idee für Olympische Spiele der Neuzeit?

____

3 Mit welchem Anliegen wurden die Neuzeit-Spiele ins Leben gerufen?

____

c Kreuze an, welche der folgenden Antworten richtig sind.

- Die Olympischen Spiele wurden von Pierre de Coubertin erfunden. ☐
- Die Geschichte der Olympischen Spiele beginnt vor ca. 2500 Jahren. ☐
- Die ersten Olympischen Spiele der Neuzeit fanden 1960 statt. ☐
- Seit 2010 gibt es auch Olympische Jugendspiele. ☐

Das Wichtigste zusammenfassend darstellen

4 Halte jetzt das Wichtigste aus dem Text zusammenfassend fest.

a Lies den Text von Aufgabe 1b noch einmal und markiere in jedem Textabschnitt die wichtigsten Informationen.
Du kannst auch Randnotizen anfügen.

b Notiere alle wichtigen Informationen übersichtlich.
Schreibe in dein Heft und achte auf eine geordnete und saubere Darstellung.

c Lies den Text von Aufgabe 1b ein weiteres Mal und überprüfe, ob du alle wichtigen Informationen erfasst hast.
Wenn nötig, ergänze und korrigiere deine Notizen.

Tipp
Nutze z. B. Zeichen, Pfeile, Markierungen, Farben u. a. Hervorhebungen.

3a Du kannst z. B. unter folgenden Überschriften wählen.
Der Ursprung der Olympischen Spiele / Erste Sportdisziplinen / Verbot der Olympischen Spiele / Die Olympischen Spiele der Neuzeit / Olympische Spiele heute

5 Erschließe einen weiteren Text mithilfe der 5-Gang-Lesemethode.

a Stelle anhand der Überschrift und der Abbildung Vermutungen zum Inhalt des Textes in Aufgabe b an. Notiere Stichpunkte.

____

____

Den Text überfliegen

b Überfliege den Text und verschaffe dir einen Überblick über den Inhalt.

Symbole und Rituale der Olympischen Spiele

Das **olympische Feuer** wurde im antiken Olympia ursprünglich zur Ehrung der griechischen Götter in einer großen Schale entzündet und galt während der Olympischen Spiele als Zeichen für den Frieden. Auch heute wird das olympische Feuer in Olympia entzündet und anschließend von Fackelläufern und Fackelläuferinnen zu dem Ort gebracht, an dem die jeweiligen Olympischen Spiele stattfinden. Aufgrund der großen Entfernungen kann das Feuer auch streckenweise z. B. per Flugzeug oder Schiff transportiert werden. Der Schlussläufer oder die Schlussläuferin entzündet dann im Stadion das während der gesamten Olympischen Spiele brennende olympische Feuer. Die **olympische Flagge** dagegen ist eine Erfindung der Neuzeit. Sie wurde 1913 von Pierre de Coubertin entworfen. Die fünf ineinander verschlungenen Ringe stehen für die Kontinente Afrika, Amerika, Asien, Australien und Europa und sollen deren Verbundenheit symbolisieren. Die Farben der Ringe und das Weiß der Flagge wurden ganz bewusst ausgewählt, weil mindestens eine dieser sechs Farben in jeder der Nationalflaggen der Länder unserer Erde vorhanden ist.

Fragen an den Text stellen

c Notiere Fragen, auf die der Text Antworten geben könnte.

____

____

____

____

____

____

Den Text gründlich lesen

d Lies den Text (Aufgabe b) nun gründlich, teile ihn in Abschnitte ein und gib jedem Abschnitt eine Überschrift. Schreibe in dein Heft.

e Lies die Abschnitte noch einmal. Markiere die wichtigsten Informationen.

Das Wichtigste erfassen

f Halte das Wichtigste zum Thema „Symbole und Rituale der Olympischen Spiele" in deinem Heft übersichtlich zusammenfassend fest.

Den Text noch einmal lesen

g Überprüfe nun mithilfe des Textes, ob du alle wichtigen Informationen erfasst hast. Ergänze und korrigiere, wenn nötig.

Tabellen und Grafiken lesen und verstehen

Häufig werden Informationen in Form von **Tabellen**, **Diagrammen**, **Grafiken** oder **Schaubildern** dargestellt. Sie dienen dazu, Zahlen, Vorgänge und Entwicklungen übersichtlich und anschaulich zu gestalten.
So kannst du Informationen aus Tabellen und Grafiken entnehmen:
1. Lies die Überschrift. Welches Thema wird behandelt?
2. Lies die Bezeichnungen der Achsen des Diagramms bzw. der Spalten und Zeilen der Tabelle. Was wird jeweils angegeben?
3. Entnimm den Darstellungen die konkreten Werte.
4. Vergleiche die Werte miteinander.
5. Ziehe Schlussfolgerungen aus dem Vergleich.

Den Inhalt einer Tabelle erfassen

1 Erfasse den Inhalt folgender Tabelle.

a Lies die Tabelle zunächst einmal.

______________	______________
Stadionlauf im antiken Olympia	192,28 m
Kurzstreckenläufe	100 m / 200 m / 400 m
Hürdenlauf	kurze Distanz: Männer 110 m / Frauen 100 m große Distanz: 400 m (Männer wie Frauen)
Hindernislauf	3000 m
Staffellauf	4 x 100 m / 4 x 400 m
Langstreckenläufe	5000 m / 10 000 m
Marathonlauf	42,195 km

b Erfasse den Inhalt der Tabelle jetzt genauer. Ergänze zuerst den Tabellenkopf mit passenden Begriffen.

c Lies die folgenden Aussagen. Kreuze die richtigen Aussagen mithilfe der Informationen aus der Tabelle an.

- Der antike Stadionlauf wäre heute ein Kurzstreckenlauf. ☐
- Die kurze Distanz des Hürdenlaufs beträgt für alle 100 m. ☐
- Der Marathonlauf ist die längste, der Stadionlauf die kürzeste Laufdistanz. ☐
- Die Hindernisläuferinnen und Hindernisläufer müssen eine größere Strecke als die Hürdenläuferinnen bzw. Hürdenläufer zurücklegen. ☐
- Die Marathonstrecke ist genau 42 km lang. ☐

Den Inhalt eines Säulendiagramms erfassen

2 Erfasse den Inhalt des folgenden Diagramms.

a Lies zuerst die Überschrift und stelle fest, was es darstellt.

Teilnehmerzahl und Anzahl der Medaillen der deutschen Teams bei den Olympischen Jugend-Winterspielen 2016 und 2020

y-Achse

x-Achse

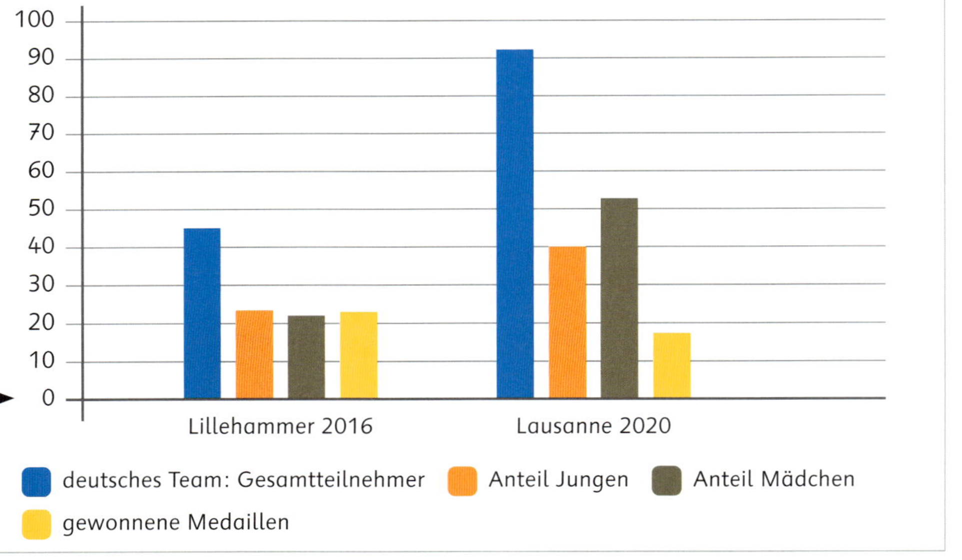

b Sieh dir das Diagramm jetzt genauer an und ergänze folgende Sätze.

Das Diagramm gibt auf der x-Achse an, ______________________

____

____

Das Diagramm gibt auf der y-Achse an, ______________________

____

____

c Entnimm dem Diagramm wichtige Informationen. Vergleiche die Teams von Lausanne und Lillehammer. Beantworte dazu folgende Fragen.

Welches der beiden Teams war zahlenmäßig größer? ______________________

Wie viele Jungen waren 2020 im deutschen Team? ______________________

Welches Team bestand aus wesentlich mehr Mädchen als Jungen?

____

In welchem Jahr wurden mehr Medaillen gewonnen? ______________________

Den Inhalt eines Kreisdiagramms erfassen

3 Das folgende Kreisdiagramm bezieht sich ebenfalls auf die Olympischen Jugend-Winterspiele.

a Betrachte das Diagramm genau.

Gesamtanzahl der Teilnehmer und Teilnehmerinnen bei den Olympischen Jugend-Winterspielen 2020 in Lausanne

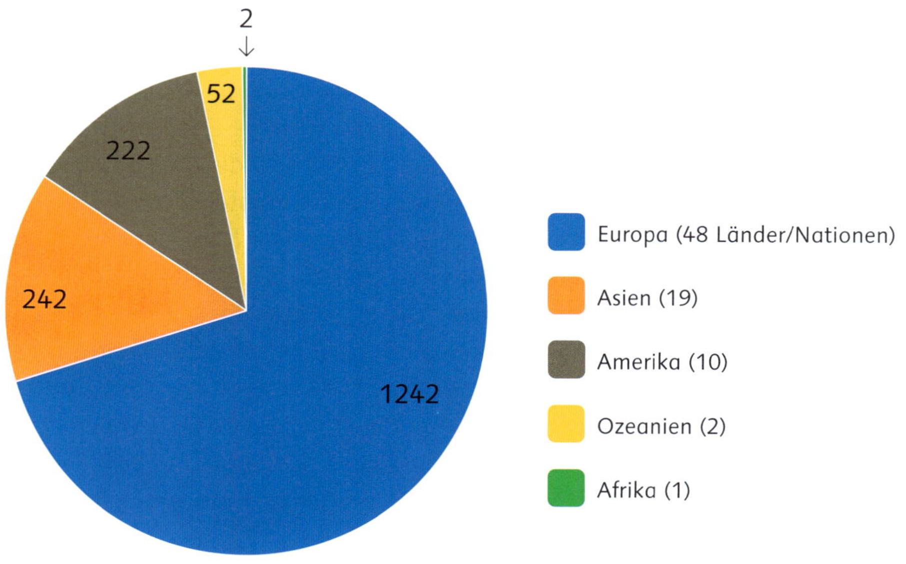

b Beantworte folgende Fragen stichpunktartig.

Worauf beziehen sich die im Diagramm angegebenen Zahlen?

Was stellen die verschiedenfarbigen Segmente des Kreisdiagramms dar?

c Ordne die Angaben des Kreisdiagramms aufsteigend.
Notiere zuerst die Region mit den wenigsten Teilnehmerinnen und Teilnehmern.

d Betrachte nun die Angaben des Kreisdiagramms vergleichend.
Notiere in Satzform zwei bis drei Vergleiche in deinem Heft.

Aus Europa kommen die meisten Sportlerinnen und Sportler, während …

e Fasse die wichtigsten Informationen des Kreisdiagramms in Satzform zusammen. Schreibe in dein Heft.

3e So kannst du beginnen.
Das Kreisdiagramm stellt … dar … / veranschaulicht … / Dem Diagramm entnehme ich …

Wortarten und Wortformen

Nomen/Substantive

Nomen/Substantive bezeichnen Lebewesen, Gegenstände, Orte, Zeitangaben, Ereignisse und Gefühle. Nomen können ein **Begleitwort** bei sich haben:
- einen bestimmten Artikel, z. B.: *die Insel*,
- einen unbestimmten Artikel, z. B.: *ein Boot*,
- ein Possessivpronomen, z. B.: *ihr Traum*,
- ein Adjektiv, z. B.: *wichtige Erfahrungen*.

Am Begleitwort lassen sich die Merkmale von Nomen erkennen:
- das **grammatische Geschlecht** (das Genus): männlich, weiblich, sächlich, z. B.: *der Start*, *die Ankunft*, *das Ereignis*,
- die **Zahl** (der Numerus): Singular oder Plural, z. B.: *das Mädchen*, *die Mädchen*,
- der **Fall** (der Kasus): Nominativ, Genitiv, Dativ, Akkusativ, z. B.: *das Mädchen*, *des Mädchens*, *dem Mädchen*, *das Mädchen*.

Über den Fall der Nomen entscheiden Verben und Präpositionen, z. B.: *Laura baute ein Boot. Sie segelte mit dem Boot. Sie lebte auf einem Boot.*
Nomen schreibt man immer **mit großem Anfangsbuchstaben**.

Tipp
Wenn du unsicher bist, schlage in einem Wörterbuch nach.

1 Ergänze die Artikel und bestimme das grammatische Geschlecht und die Zahl der Nomen/Substantive aus der Wortliste.

Wortliste
Freundschaft / Gedanken / Gefühl / Streit / Gruppen / Frieden

die Freundschaft – weiblich, Singular, ______________________

____

____

2 Vervollständige die Tabelle.

Tipp
Manche Nomen gibt es nur im Singular oder im Plural. Pluralwörter haben kein grammatisches Geschlecht.

Singular	Plural	grammatisches Geschlecht (Genus)
der Streifen ______	______	*männlich* ______
______	______ *Mädchen*	______
______	______ *Atlanten*	______
______	______ *Leute*	______
______ *Reis*	______	______

Tipp
Den Fall kannst du erfragen: *Wer/ Was?* = Nominativ
Wessen? = Genitiv
Wem? = Dativ
Wen/Was? = Akkusativ

3 Nomen stehen in einem bestimmten Fall.

a Bestimme den Fall der unterstrichenen Nomen und schreibe ihn auf die Linien.

1 Die Mutter gibt <u>dem Kind</u> drei Butterbrote mit in die Schule. (*Dativ*)

2 Voller Freude erwarten wir <u>die nächsten Ferien</u>. (________________)

3 <u>Der Sportlehrer</u> jagt uns stundenlang durch die Halle. (________________)

4 Die Brote <u>meiner Mutter</u> haben köstlich geschmeckt. (________________)

5 <u>Den tollen Film</u> möchte ich gern noch mal sehen. (________________)

6 Katja leiht ihrem Bruder <u>die weißen Inlineskates</u>. (________________)

Wortliste
der Hund /
die Katze / das Kind

b Setze die Nomen mit Artikel aus der Wortliste im richtigen Fall ein.

1 Der Hund heißt Bo (Nominativ). Karl ist der Besitzer ____________________ (Genitiv). Er spielt gern mit ____________________ (Dativ). Er liebt ____________________ (Akkusativ).

2 Die Katze läuft weg (Nominativ). Das Fell ____________________ glänzt (Genitiv). Wir schauen ____________________ nach (Dativ). Ich finde ____________________ im Haus (Akkusativ).

3 Das Kind mag Tiere (Nominativ). Den Eltern ____________________ gefällt das (Genitiv). Sie helfen ____________________ (Dativ). Sie unterstützen ____________________ (Akkusativ).

●●● **c** Setze Nomen und passende Begleitwörter im richtigen Fall ein. Notiere den Fall in den Kästchen dahinter: N für Nominativ, G für Genitiv, D für Dativ und A für Akkusativ.

1 Mathilda schenkt ____________________ ein Federmäppchen. ☐

2 Sie hat ____________________ selbst genäht. ☐

3 ____________________ freut sich sehr über das Geschenk. ☐

4 Sie mag die Farbe ____________________ sehr. ☐

 6a Test

Nomen/Substantive im Dativ und Akkusativ

1 Ergänze folgende Sätze.

a Setze die Nomen und ihre Begleitwörter in Klammern im richtigen Fall ein.

1 Ich helfe ____________ (meine Schwester) bei den Hausaufgaben.

2 Sie lernt selten ____________ (neue Vokabeln) in Englisch.

3 Als Gegenleistung kauft sie mir ____________ (ein Bausatz).

4 Am Eisstand begegnen wir ____________ (die Englischlehrerin).

5 Sie fragt ____________ (meine Schwester) nach den Vokabeln.

6 Meine Schwester bekommt ____________ (ein roter Kopf).

7 Sie verspricht ____________ (ihre Lehrerin), alle Vokabeln zu üben.

8 Ich bin gespannt, ob sie ____________ (ihr Versprechen) hält.

Tipp
Dativ und Akkusativ kannst du hier so erfragen:
Wem? = Dativ
Wen? oder *Was?* = Akkusativ

b Markiere die Nomen und Begleitwörter im Akkusativ grün und die Nomen und Begleitwörter im Dativ blau.

2 Dativ oder Akkusativ? Setze die Nomen mit ihren Begleitwörtern im richtigen Fall ein.
Notiere den Fall in den Kästchen dahinter: D für Dativ und A für Akkusativ.

Tipp
Kann man *Wo?* fragen, folgt der Dativ, z. B.:
Das Buch liegt auf dem Tisch.
Kann man *Wohin?* fragen, folgt der Akkusativ, z. B.:
Er legt das Buch auf den Tisch.

1 Das Buch lese ich mit *meinem Vater*. (mein Vater) [D]

2 Opa geht nie ohne ____________ (sein Hut) aus dem Haus. [ ]

3 In ____________ (die Turnhalle) habe ich gern Sportunterricht. [ ]

4 In ____________ (wenige Wochen) beginnen die Ferien. [ ]

5 Die Katze liegt faul unter ____________ (das Bett). [ ]

6 Der Hamster flüchtet unter ____________ (der Schrank). [ ]

7 Am Eisstand steht Ben vor ____________ (sein kleiner Bruder). [ ]

8 Nach ____________ (das Abendessen) lese ich mein Buch. [ ]

9 Ich habe keine Angst vor ____________ (der Zahnarzt). [ ]

10 Ich hatte noch nie ein Loch in ____________ (meine Zähne). [ ]

Nominalisierte/substantivierte Verben und Adjektive

Jedes Wort kann im Deutschen als **Nomen/Substantiv** gebraucht, also nominalisiert/substantiviert werden. Es wird dann mit **großem Anfangsbuchstaben** geschrieben und dekliniert (gebeugt) wie ein Nomen. Es kann von einem Artikel, einem Possessivpronomen oder einem Adjektiv **begleitet** werden. Eine **Nominalisierung/Substantivierung** steht immer am Ende einer sogenannten nominalen Wortgruppe. Deshalb hilft die **Erweiterungsprobe**, sie zu erkennen, z. B.:

beim Zeichnen	*der Blonde*
beim genauen Zeichnen	*der große Blonde*
beim sehr genauen Zeichnen	*der besonders große Blonde*

1 Auf dem Schild mit Hygienetipps in der Schultoilette fehlen Wörter.

a Setze in folgende Sätze nominalisierte/substantivierte Verben ein, sodass ein sinnvoller Text entsteht. Nutze die Verben aus der Wortliste.

Wortliste
waschen / verhindern / verwenden / abtrocknen / vermeiden / anstecken

1 Das mehrmalige ____________ von Papiertaschentüchern ist unhygienisch.

2 Häufiges ____________________ der Hände schützt dich.

3 Das ________________ mit einer Erkältung kannst du so vermeiden.

4 Außerdem sollte das ______________ mit Einmalhandtüchern erfolgen.

5 Beim ____________________ von Ansteckung hilft auch das ____________________ von Berührungen im Gesicht.

b Unterstreiche in den Sätzen die Begleitwörter der nominalisierten Verben.

Tipp
Artikel verschmelzen oft mit Präpositionen, z. B.: *zum – zu dem, am – an dem, beim – bei dem.*

2 Ergänze folgende Sätze. Entscheide, ob du die Verben als Nominalisierungen einsetzen musst oder nicht.

1 *überqueren:* Starre nicht auf dein Handy während des ____________________ der Straße!

Starre nicht auf dein Handy, während du die Straße ____________________!

2 *desinfizieren:* Das ______________ deines Handybildschirms ist sinnvoll.

Deinen Handybildschirm solltest du regelmäßig ____________________.

3 *laden:* Das Handy sollte nicht den ganzen Tag ____________________.

Zu langes ______________________ des Handys schadet dem Akku.

3 Die Kunstlehrerin gibt Tipps zum Verwenden der Farben.

●○○ **a** Unterstreiche die nominalisierten Adjektive.

„Das Kräftige der Farben kommt gut zum Vorschein, wenn du reichlich Farbe verwendest. Das Rot wird dunkler, wenn du ein wenig vom Schwarz hinzumischst. Das Wässrige der Farbe lässt das Blau des Himmels schön transparent wirken."

Tipp
Beachte, dass du die einzusetzenden Adjektive und Nominalisierungen deklinieren musst, z. B.: *hell – die helle Farbe, das Helle der Farbe.*

b Entscheide, ob du das einzusetzende Adjektiv im Satz nominalisieren musst, und trage es in korrekter Schreibung ein.

„Das ________________ (grün) Gras macht mit dem ________________ (gelb) dazwischen einen sehr ________________ (frisch) und ________________ (lebendig) Eindruck. Das ________________ (schön) an den Mischtechniken ist, dass du sehr ________________ (viel) Farbtöne erzeugen kannst. Das ________________ (blass) oder ________________ (intensiv) der Farben steuerst du mit der Wassermenge."

c Markiere bei den nominalisierten Adjektiven in Aufgabe 3a oder 3b das jeweilige Begleitwort.

●●● **4** Suche die Nomen und Nominalisierungen im folgenden Text.

a Korrigiere sie, indem du den kleinen Anfangsbuchstaben streichst und den großen darüberschreibst.

Achtung, Fehler!

Das tolle an meinem haus ist: Wenn du aus dem fenster schaust, kannst du alles prächtige in meinem garten sehen. Das arbeiten den ganzen sommer über hat sich wirklich gelohnt. Das rot der rosen neben dem weiß der margeriten sieht schön aus! Was wie zufall und wie ein stück wunderschöne natur erscheint, hat wochenlanges planen und monatelanges graben, zupfen, gießen und schneiden benötigt! Opa möchte nächstes jahr hinten links noch einen kleinen teich anlegen. Aber die teichfolie, mit der man die grube auslegen müsste, ist aus plastik. Ich finde, das verwenden von plastik ist umweltverschmutzung!

Tipp
Der Text enthält 17 Nomen, 7 nominalisierte Verben und 4 nominalisierte Adjektive.

b Unterstreiche im Text aus Aufgabe 4a farbig:
- Nomen schwarz,
- nominalisierte/substantivierte Verben rot,
- nominalisierte/substantivierte Adjektive blau.

Pronomen als Stellvertreter und Begleitwörter von Nomen/Substantiven

Nomen/Substantive können **durch Pronomen ersetzt** oder **begleitet** werden. Pronomen werden wie Nomen **dekliniert** (gebeugt), also dem Bezugsnomen in **Geschlecht** (Genus), **Zahl** (Numerus) und **Fall** (Kasus) angepasst.
Personalpronomen (persönliche Fürwörter: *ich, du, er, sie, es; wir, ihr, sie*) stehen stellvertretend für Nomen, z. B.: *Jugendliche mögen Inlineskating. Sie erreichen damit ein hohes Tempo und das macht ihnen Spaß.*
Possessivpronomen (besitzanzeigende Fürwörter) zeigen den Besitz oder die Zugehörigkeit an. Sie **begleiten** ein Nomen, z. B.: *Hat jemand meine Inlineskates gesehen? Mit meinen Inlinern trainiere ich oft.*
Demonstrativpronomen (hinweisende Fürwörter: *dieser, diese, dieses, diese; jener, jene, jenes, jene; der, die, das, die*) weisen auf ein vorher Genanntes hin. Sie können als **Begleitwort oder Stellvertreter** genutzt werden und lassen sich wie alle Pronomen deklinieren, z. B.:
Skater erreichen Geschwindigkeiten von 60 km/h.
Dieses Tempo ist zu schnell. Das kann gefährlich werden.

1 Im folgenden Text wiederholen sich die Nomen/Substantive.

a Unterstreiche die Nomen, die sich sinnvoll durch Pronomen ersetzen lassen.

Leo Körner bog in eine Seitenstraße ein. Da entdeckte Leo Körner den Verdächtigen. Blitzschnell überflog Körner Körners Notizen über den Verdächtigen: Der Verdächtige hieß Andi Hufschmidt. Hufschmidt war seit drei Monaten flüchtig. Hufschmidt wurde wegen mehrerer Banküberfälle gesucht. Körner ging langsam auf Hufschmidt zu. Hufschmidt saß auf einer Parkbank und schaute auf Hufschmidts Handy.

b Überarbeite den Text und schreibe ihn in dein Heft.
Setze statt der unterstrichenen Nomen Pronomen ein.

●●● c Schreibe eine Fortsetzung.
Markiere alle Pronomen, die du dabei verwendet hast.

2 In folgenden Sätzen sind die Demonstrativpronomen unterstrichen.
Zeichne jeweils einen Pfeil vom Demonstrativpronomen zu dem Nomen, auf das es hinweist.

Tom spielt am liebsten Fußball auf seiner Spielkonsole. Das kann er nämlich mit seinem Bruder gemeinsam spielen. Der findet kooperative Spiele besser als jene, bei denen man auf sich allein gestellt ist. Beim Spielen entstehen oft lautstarke Diskussionen, doch diese gehören für die Brüder dazu.

3 Füge passende Demonstrativpronomen ein.

Die Eltern hatten ihren Söhnen eine Spielekonsole geschenkt. __________ hatten sich sehr darüber gefreut. Ziemlich schnell gab es wegen der Spielkonsole jedoch Ärger. __________ nutzten die Jungs nämlich ständig und das Draußenspielen fiel weg. __________ war aber den Eltern sehr wichtig. Also schlossen sie einen Pakt: Pro Stunde an der frischen Luft sollten sich die Brüder eine Stunde Konsolenspiel verdienen. __________ funktionierte ein paar Wochen. Danach fing der Ärger wieder an, denn die Jungs hielten __________ Pakt immer weniger ein.

Relativpronomen (bezügliche Fürwörter: *der*, *die*, *das*, *die*; *welcher*, *welche*, *welches*, *welche*) leiten Nebensätze ein, die ein Nomen im Hauptsatz näher erklären. Diese Nebensätze nennt man **Relativsätze**, z. B.:

Ein Skater, der auf dem Fußweg fährt, muss Rücksicht nehmen.

Relativpronomen passen sich in **Geschlecht** (Genus) und **Zahl** (Numerus) dem Bezugsnomen im Hauptsatz an. Das Verb oder eine Präposition im Nebensatz bestimmen ihren **Fall** (Kasus), z. B.:

Can heißt ein Skater, den ich gut kenne.

4 Setze das passende Relativpronomen im richtigen Fall ein.

1 Das Spiel, bei __________ man schnell reagieren muss, ist neu.

2 Das Spiel, __________ neu ist, fordert einen heraus.

3 Die Spiele, von __________ die Söhne nicht genug bekommen können, waren sehr teuer.

4 Die Zeit, __________ die Söhne vor dem Computer verbringen, ist auf eine Stunde am Tag begrenzt.

Tipp
Es gibt elf Pronomen in vier verschiedenen Formen.

5 Markiere alle Pronomen in folgendem Text. Schreibe sie anschließend in dein Heft und notiere dahinter, um welches Pronomen es sich handelt.

Dort hinten steht mein Apfelbäumchen, das unser Opa für mich gepflanzt hat, als ich geboren wurde. Es hatte letztes Jahr zwei Äpfel. Diese habe ich an einem einzigen Tag aufgegessen. Ihre Schale bekamen meine Kaninchen, die ganz verrückt danach sind, als Mittagessen.

Verben

Finite und infinite Verbformen

Verben bezeichnen **Tätigkeiten** (was jemand tut), **Vorgänge** (was geschieht) und **Zustände** (was ist). Sie bilden finite (gebeugte) und infinite (ungebeugte) Verbformen.
Die Veränderung der Verbformen nennt man **Konjugation** (Beugung, Verb: konjugieren). Die **finite** (gebeugte) **Verbform** stimmt in Person und Zahl mit dem Subjekt des Satzes überein, z. B.:
Ihr fahrt Fahrrad. (2. Person Plural)
Boris fährt Cyclocross. (3. Person Singular)
Infinite (ungebeugte) **Verbformen** sind:
- der Infinitiv, z. B.: *starten, laufen, sagen, finden,*
- das Partizip II, z. B.: *gestartet, gelaufen, gesagt, gefunden.*

Sie werden bei der Bildung zusammengesetzter Zeitformen benötigt, z. B.:
Er wird gleich starten. (Futur)
Er hat sein Hobby gefunden. (Perfekt)

1 Ergänze die finiten Verbformen.

a Setze die korrekte Personalform des Verbs in Klammern ein.
Verwende die Zeitform Präsens.

1 Ein Vogel *fliegt* über das Haus. (fliegen) [3. Pers. Sg.]

2 Er ______ dabei zwei Federn. (verlieren) [______]

3 Die Federn ______ in Richtung Boden (schweben), [______]
aber sie ______ auf dem Fensterbrett von Laras
Zimmer. (landen) [______]

4 Jule und Ella ______ sie dort (finden) [______]
und Jule ______: (rufen) [______]

5 „Wie schön, damit ______ ich mir einen
tollen Ohrring!“ (machen) [______]

6 „Du ______ sie ja vorher noch in deiner
Lieblingsfarbe einfärben“, (können) [______]
______ Ella ______. (vorschlagen). [______]

b Bestimme Person und Zahl der eingesetzten Verbformen.
Notiere die Angabe in den eckigen Klammern dahinter.

Man kann Verben nach ihrem Gebrauch unterscheiden. Alle Verben können als **Vollverben** gebraucht werden, z. B.: *ich renne, du singst, er hat Zeit, sie ist schnell, er wird 12.*
Bei der **Bildung der zusammengesetzten Zeitformen** Perfekt, Plusquamperfekt und Futur werden die Verben *haben*, *sein* und *werden* als **Hilfsverben** verwendet, z. B.: *ich bin gerannt, du hast gesungen, wir hatten gelernt, er wird Spanisch lernen, sie ist schnell gewesen, er hat Zeit gehabt, er wird gesund werden.*

2 Bilde eine zusammengesetzte Zeitform.

Tipp
Auf Seite 44 findest du mehr Informationen über die Zeitformen.

a Vervollständige die Sätze. Bilde die Zeitformen mit den Hilfsverben *ist* oder *hat* und dem Partizip II des Verbs in Klammern.

1 Jonas ______________ beim Sportfest schnell ______________. (rennen)

2 Aylin ______________ den Ball weit ______________. (werfen)

3 Lena ______________ hoch ______________. (springen)

4 Max ______________ das Sportfest ______________. (verpassen)

b Welche Zeitform hast du in den Sätzen gebildet?

____

3 Der folgende Text enthält Vollverben und Hilfsverben.

a Markiere die Verben, die als Vollverben gebraucht werden, und rahme die Hilfsverben ein.

Lilly weiß nicht, ob sie genug Mut hat. Wird sie vom Fünfmeterturm springen? Auf der Leiter nach oben überlegt sie: Wann ist sie zum ersten Mal vom Dreimeterbrett gesprungen? Ist das mit acht Jahren gewesen? Oder hatte sie sich schon früher getraut? Oben auf dem Turm ist es ganz schön windig. Langsam geht sie bis zur Kante. Jetzt wird ihr doch etwas mulmig. „Die wird es nie wagen", murmelt unten ihre Freundin Annika.

b Schreibe die Verbformen heraus, die im Perfekt, Plusquamperfekt oder Futur stehen.

Perfekt: ____

Plusquamperfekt: ____

Futur: wird springen, ____

Eine besondere Gruppe von Verben sind die **Modalverben**. Sie drücken aus, wie man eine Tätigkeit oder einen Vorgang meint:
wollen (Absicht), z. B.: *ich will gehen*,
sollen (Aufforderung), z. B.: *ich soll gehen*,
dürfen (Erlaubnis), z. B.: *ich darf gehen*,
können (Fähigkeit oder Möglichkeit), z. B.: *ich kann gehen*,
müssen (Notwendigkeit), z. B.: *ich muss gehen*,
mögen (Wunsch), z. B.: *ich möchte gehen*.
Modalverben werden mit einem **Vollverb im Infinitiv** verwendet, das im Satz am Ende steht, z. B.: *Ihr müsst pünktlich losfahren. Du darfst morgen zu mir kommen.*

4 Setze Modalverben aus der Wortliste korrekt und sinnvoll in die folgenden Sätze ein.

Wortliste
können / mögen / dürfen / wollen / müssen / sollen

1 Annika ______________ in den Schwimmverein eintreten.

2 Ihre Freundin Lilly ______________ dort schon seit zwei Jahren mitmachen.

3 Die Mädchen ______________ zwar zweimal wöchentlich trainieren.

4 Außerdem ______________ sie oft an Schwimmwettkämpfen teilnehmen.

5 Aber Lilly ______________ wegen des Trainings jetzt sehr gut kraulen.

6 Auch Annika ______________ das Kraulen unbedingt lernen.

5 Abhängig vom verwendeten Modalverb können die folgenden Sätze sehr unterschiedlich gemeint sein.

a Setze in jeden Satz ein anderes Modalverb ein.
Adrian erzählt seinen Freunden:

1 „Im Sommer ______________ ich für zwei Wochen in ein Zeltlager fahren."

2 „Im Sommer ______________ ich für zwei Wochen in ein Zeltlager fahren."

3 „Es ist an der Ostsee. Alle ______________ dort einen Segelkurs machen."

4 „Es ist an der Ostsee. Alle ______________ dort einen Segelkurs machen."

b Erläutere kurz, welche Meinung Adrian in den Sätzen über das Zeltlager und den Segelkurs jeweils ausdrückt.

Tipp
Schreibe z.B.:
Adrian freut sich / wird gezwungen, hat Lust / keine Lust, ist begeistert / frustriert …

zu 1 ______________________________

zu 2 ______________________________

zu 3 ______________________________

zu 4 ______________________________

Zeitformen (Tempusformen) der Verben

Verben bilden Zeitformen (Tempusformen). Sie bezeichnen, ob eine Tätigkeit, ein Vorgang oder ein Zustand schon vergangen und abgeschlossen ist, noch andauert, immer gilt oder erst in der Zukunft stattfinden wird, z. B.:
Ich lese gern. → **Präsens:** immer gültig
Zurzeit lese ich „Harry Potter", Band 5. → **Präsens:** Gegenwart
Danach lese ich Band 6. → **Präsens:** Zukunft
Ich habe die Bände 1 bis 4 gelesen. → **Perfekt:** Vergangenheit
Mama las als Kind auch gern von Zauberern. → **Präteritum:** Vergangenheit
Davor hatte sie gern Märchen gelesen. → **Plusquamperfekt:** Vergangenheit vor vergangener Tätigkeit, vergangenem Vorgang oder Zustand
In den nächsten Ferien werden wir auch viel lesen. → **Futur:** Zukunft
Man unterscheidet einfache und zusammengesetzte Zeitformen.
Die **einfachen Zeitformen** Präsens und Präteritum bestehen in der Regel nur aus der finiten Verbform, z. B.:
Sie wünscht sich ein Handy. (Präsens) *Er gewann das Rennen.* (Präteritum)
Die **zusammengesetzten Zeitformen** Perfekt, Plusquamperfekt und Futur bestehen aus der finiten Verbform und mindestens einer infiniten Verbform, z. B.: *Sie hat viel gelesen. Er ist weggerannt. Sie hat sprechen dürfen.* (Perfekt)
Er hatte Vokabeln geübt. Er hatte Vokabeln üben müssen. (Plusquamperfekt)
Ich werde Häuser entwerfen. Ich werde Häuser entwerfen können. (Futur)

1 Zeitformen können die Wirkung eines Textes verändern.

a Lies folgenden Text und bestimme die Zeitform, in der er verfasst ist.

Zeitform: ______________________

Nachtwanderung

Der Mond leuchtet schwach. Wir ziehen die Jacken an und gehen los. Im Dorf scheinen die Laternen. Aber im Wald ist es so dunkel, dass man die Hand vor Augen nicht sehen kann. Mehrere Kinder bekommen Angst und kehren um. Friedrich läuft gegen einen Baum und hat am nächsten Tag eine Riesenbeule.

Tipp
Achte auf eine gut lesbare und flüssig geschriebene Handschrift.

b Setze den Text aus Aufgabe a jetzt ins Präteritum. Schreibe ihn auf.

Der Mond leuchtete schwach. ______________________

____

____

____

____

____

c Schreibe die Verben aus den Aufgaben a und b mit einem passenden Personalpronomen in dein Heft und ergänze jeweils die Form im Futur.

Spricht oder schreibt man im Präsens, dann kann man – vor allem im mündlichen Sprachgebrauch – das **Perfekt** verwenden für Handlungen, die bereits zuvor abgeschlossen sind, z. B.:
Sobald wir das Training beendet haben, rennen wir in den Garten.

2 Setze in jedem Satzgefüge eines der Verben ins Perfekt, sodass die Zeitabfolge der Ereignisse sinnvoll ausgedrückt wird.

Wenn du den Kuchen aus dem Backofen holst, gießt du den Schokoladenguss darüber.

Wenn du den Kuchen ____________________

____________________.

Wir backen den Kuchen, also essen wir ihn jetzt auch!

____________________.

Ich decke den Tisch, sobald der Kuchen abkühlt.

____________________.

Spricht oder schreibt man im **Präteritum**, nutzt man das **Plusquamperfekt** für die Handlung, die zuvor bereits abgeschlossen war, z. B.:
Nachdem wir das Training beendet hatten, rannten wir in den Garten.

3 Setze in jedem Satzgefüge eines der Verben ins Plusquamperfekt, sodass die Zeitabfolge der Ereignisse sinnvoll ausgedrückt wird.

Nachdem der Schiedsrichter das Spiel abpfiff, verließen alle das Stadion.

Nachdem der Schiedsrichter das Spiel abgepfiffen hatte, ____________________

____________________.

Weil ich als Kind im Wald wohnte, kannte ich Vogelstimmen sehr gut.

____

____________________.

Johann war misstrauisch, seit sein Freund Gunnar ihn einmal anlog.

____

____________________.

Zeitformen der Verben

1 Trage die Zeitformen der Verben in die Tabelle ein.
Verwende die „du"-Form.

Zeitform/Verb	**stellen**	**fahren**	**wissen**	**sein**
Präsens				*du bist*
Präteritum	*du stelltest*			
Perfekt			*du hast gewusst*	
Plusquamperfekt				*du warst gewesen*
Futur		*du wirst fahren*		

2 Übe dich im Bilden von Zeitformen.

a Bestimme und notiere zuerst die Personalformen und die Zeitformen der folgenden Verben.

1 Wir werden reisen. *1. Person Plural Futur*

2 Du hattest gesehen. _____

3 Er ist gewesen. _____

4 Ihr folgtet. _____

Tipp
Du kannst folgende Abkürzungen verwenden: *Präsens (Präs.), Präteritum (Prät.), Perfekt (Perf.), Plusquamperfekt (Plusqu.), Futur (Fut.).*

b Bilde jetzt zu jedem Verb aus Aufgabe a die fehlenden Zeitformen und schreibe sie auf.

1 *wir reisen (Präsens), wir ...*

2 _____

3 _____

4 _____

Aktiv- und Passivformen der Verben

> Von den meisten Verben kann man eine **Aktivform** und eine **Passivform** bilden. Will man ausdrücklich betonen, wer handelt, verwendet man die **Aktivform** (Verbform im Aktiv), z. B.:
> *Die Kinder wählten Mia zur Schulsprecherin.*
> Ist unwichtig oder unbekannt, wer handelt, verwendet man die **Passivform** (Verbform im Passiv). Man bildet sie mit dem Hilfsverb *werden* und dem **Partizip II**, z. B.:
> *Mia wurde zur Schulsprecherin gewählt.*

1 Markiere die Passivformen im folgenden Text.

Viele Flaschen werden heute aus Plastik hergestellt statt aus Glas. Die Mehrwegflaschen werden im Geschäft zurückgegeben. Sie werden gewaschen und wieder gefüllt. Das kann bis zu 25 Male wiederholt werden. Andere Plastikflaschen werden nur einmal benutzt und anschließend wirft man sie in den Plastikmüll. Was wird dann mit ihnen gemacht?

2 Begründe, warum der Text in Aufgabe 1 im Passiv formuliert wurde. Überlege, wer handelt und warum die Personen nicht genannt werden.

____

____

3 Setze Passivformen ein. Nutze die Verben in Klammern.

1 Aus dem Kunststoff der Flaschen *werden* neue Dinge *hergestellt*. (herstellen)

2 Zum Beispiel ____________ Fleecejacken oder Pullover daraus ____________. (machen)

3 Für eine Jacke ____________ das Plastik von ca. 16 PET-Flaschen ____________. (benötigen)

4 Durch den Transport des Plastiks und der Jacken ____________ jedoch sehr viel Energie ____________. (verbrauchen)

4 Verfasse aus der nebenstehenden Stichwortsammlung einen eigenen Text im Passiv. Schreibe in dein Heft.

In der 6c wird ein neues Umweltprojekt durchgeführt. Der gesamte Müll der Klasse ...

Wortliste
Müll der Klasse ab sofort sortieren / Papier in Zukunft sparsamer verwenden / nicht mehr so viele Kopien machen / alle Klassensprecher über Idee informieren

Adjektive

> **Adjektive** bezeichnen **Eigenschaften** und **Merkmale** von Lebewesen, Gegenständen, Tätigkeiten und Vorgängen und beschreiben diese genauer, z. B.:
> *Der kleine Ball erreicht erstaunliche Geschwindigkeiten. Der Ball fliegt schnell.*
> Als **Begleitwörter** von Nomen/Substantiven passen sich Adjektive in **Fall** (Kasus), **Zahl** (Numerus) und **Geschlecht** (Genus) ihrem Bezugsnomen an und lassen sich wie Nomen **deklinieren** (beugen), z. B.:
> *Mit großen Schlägern wird der kleine Ball ins Tor gespielt.*
> (Dativ Plural) (Nominativ Singular)

1 Im folgenden Text sind die Adjektive durcheinandergeraten.

Tipp
Im Text sind 16 Adjektive enthalten.

a Unterstreiche alle Adjektive.

A Der Fuchs schleicht durch den hungrigen Wald. Da entdeckt er auf einem duftenden Baum den Raben mit einem schmeichelnden Stück Fleisch im Schnabel. Der hohe Fuchs spricht ihn in dunklem Ton an:

B „Hallo, mein großer Rabe, habe ich dir schon gesagt, was für ein liebes Federkleid du hast? Ich bewundere es sehr! Mit heller Sicherheit klingt deine Stimme auch sehr glänzend. Singst du mir etwas vor?"

C Der leckere Rabe tritt den Beweis an: Er reißt seinen Schnabel wütend auf und fängt an, gierig zu krächzen. Da fällt ihm das schnelle Fleischstück herunter, der Fuchs schnappt es heiser auf und verschwindet eitel.
Auf seinem Ast sitzt der weite Rabe nun ohne sein Futter.

b In den Textabschnitten A bis C sind jeweils die Adjektive vertauscht. Schreibe den Text in dein Heft und tausche dabei die Adjektive so, dass sie an eine passende Stelle kommen.

Der Fuchs schleicht durch den dunklen Wald. Da ...

c Wähle fünf Adjektive aus dem Text aus und notiere sie mit ihren drei Komparationsstufen.

dunkel, dunkler, am dunkelsten,

●●● **d** Schreibe vergleichende Sätze mit den Adjektiven von Aufgabe 1c in dein Heft.

Der Wald ist dunkler als die Wiese. ...

Endungen von Adjektiven

1 Dekliniere die Adjektive. Ergänze die Tabelle.

Fall/Kasus	männlich	weiblich	sächlich
1. Fall / Nominativ	der alte Mann ein alter Mann	______ ______	______ ______
2. Fall / Genitiv	______ ______	der guten Arbeit einer guten Arbeit	______ ______
3. Fall / Dativ	______ ______	______ ______	______ ______
4. Fall / Akkusativ	______ ______	______ ______	das leere Heft ein leeres Heft

2 Ergänze in den Sätzen die passenden Adjektivendungen.

1 Zu Beginn des neuen Tages gibt es ein schön______ Frühstück.

2 Auf der sonnig______ Terrasse genießen wir die warm______ Morgenluft.

3 Ich ziehe meine grün______ Gartenstiefel an und hole die groß______ Schaufel.

4 Heute kommt frisch______ Kompost auf das klein______ Erdbeerbeet.

5 Die Kinder füttern die hungrig______ Kaninchen mit duftend______ Heu.

3 Wähle passende Adjektive aus der Wortliste und ergänze die Sätze.
Passe die Endungen der Adjektive an.

1 Auf ______________ Rasenflächen kann man wunderbar spielen.

2 Neben den ______________ Ballsportarten Fußball und Badminton

gibt es auch ______________ Sportideen.

3 Zwei Mannschaften treten bei „Kubb" gegeneinander an. Die Spieler

versuchen, ______________ Holzklötze (Klotz = Kubb) mit

______________ Wurfhölzern umzuwerfen.

4 Der ______________ König muss zuletzt getroffen werden.

Wortliste
groß (2x) / lang /
neu / dick /
bekannt

Adverbien

Adverbien geben an, wann, wo, wie und warum etwas geschieht. Sie sind in der Regel unveränderbar. Meist bestimmen sie ein Verb näher, z. B.:

Adverbien der Zeit
Wir trafen uns gestern. Wann?
Sie telefoniert mehrmals. Wie oft?

Adverbien der Art und Weise
Er hatte beinahe einen Unfall. Wie?

Adverbien des Ortes
Sie schläft unten. Wo?
Es geht abwärts. Wohin?
Sie läuft heraus. Woher?

Adverbien des Grundes
Es liegt kein Schnee. Daher bleiben die Lifte geschlossen. Warum?

1 Suche und bestimme die Adverbien.

a Unterstreiche jeweils die beiden Adverbien in den Sätzen.

		1.	2.
1	Der Winter ist vorbei und eilig kommt der Frühling.	A	
2	Daher sprießen jetzt im Garten die Krokusse.		
3	Gestern habe ich dort sieben Blütenköpfe gezählt!		
4	Jährlich bringt der Frühling überall Licht, Wärme und Blumen.		
5	Deshalb mag ich diese Jahreszeit gern.		

b Bestimme die Adverbien. Trage in die Kästchen ein: Z = Adv. der Zeit, A = Adv. der Art und Weise, O = Adv. des Ortes, G = Adv. des Grundes.

Wortliste
nur / selten /
völlig / sehr / oben

2 Setze die Adverbien aus der Wortliste passend in den Lückentext ein.

1 Wenn Andy Holzer ______________ im Hochgebirge klettert, wirkt er wie jeder andere Extrembergsteiger.

2 Aber das täuscht ______________: Andy Holzer ist blind.

3 Er kann in den Bergwänden die Griffe und Tritte ______________ erfühlen.

4 ______________ klettert er mit anderen Bergsteigern.

5 Andy genießt die Selbstständigkeit beim Klettern ______________: „In den Bergen kann ich frei sein."

●●● **3** Schreibe in deinem Heft eigene Sätze über einen besonderen Sportler. Verwende Adverbien.

Numeralien

Numeralien (Singular: das Numerale) sind **Zahlwörter**, die eine Menge oder eine Anzahl angeben. Man unterscheidet zwei Arten:
- **bestimmte Numeralien**, z. B.: *eins, zwei, hundert, erster, ein Dutzend,*
- **unbestimmte Numeralien**, z. B.: *einige, wenige, Tausende, alle, mehrmals.*

Numeralien gehören zu **unterschiedlichen Wortarten**, z. B.:
Nomen: *Das Hilfsprogramm der Regierung kostet Milliarden Euro.*
Adjektiv: *Das Geld wird in vielen Projekten eingesetzt.*
Adverb: *Leo nahm zweimal an den Demonstrationen zum Klimaschutz teil.*

●○○ **1** Kreise die Numeralien in der Wortliste ein.

Tipp
Es sind sechs!

grün – sieben – Höhe – kein – häufig – übermorgen

vierte – Meter – Hunderte – unzählig – mein

2 Ordne die Numeralien aus Aufgabe 1 nach ihrer Art.

bestimmte Numeralien: ____________________

unbestimmte Numeralien: ____________________

Wortliste
vier / tausend / viele / zwölfmal / Hunderte / mehrere / sieben

3 Setze die Numeralien aus der Wortliste vom Rand passend in die Sätze ein.

1 Kerzenleuchter gibt es schon einige __________ Jahre.

2 Sie haben oftmals __________ Arme.

3 Der jüdische Kerzenleuchter heißt Menora und hat __________ Arme.

4 Wir haben einen Leuchter für __________ Kerzen.

5 __________ Menschen finden Kerzenlicht gemütlich.

6 Kerzen gibt es an vielen Orten. In Kirchen brennen oft __________.

7 Ich habe meine Geburtstagskerzen schon __________ ausgepustet!

●●● **4** Zu welcher Wortart gehören die Numeralien in den Sätzen aus Aufgabe 3? Ordne sie hier ein.

Nomen: ____________________

Adjektive: ____________________

Adverb: ____________________

Konjunktionen

Konjunktionen (Bindewörter) verbinden Einzelwörter, Wortgruppen und Teilsätze miteinander. Sie sind in der Regel **unveränderbar**, z. B.:
Im Urlaub kauft sie Andenken und einige Postkarten. (verbindet Wortgruppen)
Er kennt Rom, aber er war noch nie im Petersdom. (verbindet Teilsätze)
Nachdem sie die Karten geschrieben hat, geht sie zur Post. (verbindet Teilsätze)
Er erzählt seinem Freund, *dass er den Dom gern besichtigen möchte*. (verbindet Teilsätze)

1 Der folgende Text enthält viele Konjunktionen.

a Markiere alle neun Konjunktionen.

In Rom sind viele Touristen unterwegs, weil sie die Ruinen der antiken Bauten und den Petersdom besichtigen möchten. Es ist offensichtlich, dass alle von der Pracht des Petersdoms überzeugt sind, denn das Staunen und Fotografieren nimmt kein Ende. Nach der Besichtigungstour gehen die Besucherinnen und Besucher oft Pizza oder italienisches Eis essen. Die meisten laufen zu Fuß durch die alte Stadt, aber vorm Überqueren der Straßen haben viele Angst. Irgendwann trauen sie sich doch, obwohl der Verkehr in Rom wirklich verrückt ist.

b Schreibe die Konjunktionen heraus, die Wörter oder Wortgruppen verbinden.

____

c Schreibe die Konjunktionen heraus, die Teilsätze verbinden.

weil, ______________________________

Wortliste
als / obwohl / wenn / ob / nachdem

2 Verbinde die Teilsätze sinnvoll mit einer passenden Konjunktion aus der Wortliste.

1 Familie Müller macht Städtereisen, __________ sich die Gelegenheit bietet.

2 Alle Familienmitglieder waren begeistert, __________ sie beim letzten Mal Paris erkundet haben.

3 Nun steht Rom auf ihrer Liste, __________ Paris und London abgehakt sind.

4 Tim und Ida freuen sich darauf, __________ sie Strandurlaube auch mögen.

5 Sie fragen die Eltern, __________ sie von Rom aus auch mal ans Meer fahren werden.

Die Schreibung der **Konjunktion *dass*** muss man sich besonders einprägen. Sie wird oft mit dem **Relativpronomen *das*** verwechselt, denn beide Wörter leiten einen Nebensatz ein.
Das Relativpronomen ***das*** bezieht sich auf ein Nomen im Hauptsatz, z. B.:
Das Buch, das ich Lena schenken will, fand ich sehr spannend. (Welches Buch?)
Ein Nebensatz mit der **Konjunktion *dass*** bezieht sich auf ein Verb im Hauptsatz, z. B.:
Lena weiß, dass Juli ihr ein Buch schenken will. (Was weiß Lena?)
Die **Ersatzprobe** hilft, beide zu unterscheiden: Kann *da?* durch *welches* ersetzt werden, ist es das Relativpronomen *das*. Ergibt der Satz bei dieser Probe keinen Sinn, so handelt es sich um die Konjunktion *da**ss***, z. B.:
Das Buch, da? (welches) Juli verschenkt, ist spannend. → das
Lena weiß, da? (~~welches~~) Juli ihr ein Buch schenken will. → da**ss**

3 „das" oder „dass"? Setze richtig ein.

Tipp
Du musst fünfmal „das" und siebenmal „dass" einsetzen.

1 Familie Müller freut sich, *dass* die Anreise nach Rom gut geklappt hat.

2 Das Hotel, ________ die Mutter ausgesucht hat, liegt mitten in der Stadt.

3 Die Kinder sind davon begeistert, ________ sie ihr eigenes Zimmer haben.

4 Sie sehen vom Fenster aus, ________ das Colosseum gar nicht weit ist.

5 Das liegt an der Größe des riesigen Amphitheaters, ________ fast 2000 Jahre alt ist.

6 Tim hat gehört, ________ Taschendiebe es auf die Touristinnen und Touristen abgesehen haben.

7 Er lässt sein Taschengeld, ________ er von Oma hat, im Hotel.

8 Der Vater weiß genau, ________ sie am Ende des Tages hungrig sein werden.

9 Er spricht den Kellner des Restaurants an, ________ neben dem Hotel liegt.

10 Der Kellner verspricht, ________ er einen Tisch für die Müllers reserviert.

11 Alle hoffen, ________ es ein schöner Tag wird.

12 Die Reise ist ein Erlebnis, ________ die Familie nie vergessen wird.

Wortliste
Kellner hat Reservierung vergessen / Ida erzählt den Eltern / Petersdom größte Kirche der Welt / Mutter mietet Auto für Fahrt ans Meer / Mietauto ist weiß

●●● 4 Formuliere eigene Satzgefüge über mögliche Ereignisse auf der Romreise mit „das" oder „dass". Du kannst die Wortbausteine aus dem Kasten nutzen. Schreibe in dein Heft.

Am Abend nach der Besichtigungstour ärgert sich Vater, da …

Satzbau und Zeichensetzung

Bau des einfachen Satzes

Sätze bestehen aus **Satzgliedern**. In der Regel enthält ein Satz mindestens die Satzglieder **Subjekt** und **Prädikat**. Sie bilden den **Satzkern** und stimmen in Person und Zahl überein, z. B.: *Du treibst* Sport. (2. Person Singular)
Regelmäßig treiben die Freunde Sport. (3. Person Plural)
Das **Subjekt** (auch Satzgegenstand) steht im Nominativ. Es wird mit *Wer?* oder *Was?* erfragt, z. B.:
Mareks Eltern führen einen Hof. Dort wohnt auch der Großvater. → Wer?
Der Hof läuft gut. Der Familie gehören Haus und Hof. → Was?
Das **Prädikat** (auch Satzaussage) sagt etwas über das Subjekt aus.
Man kann es mit *Was wird ausgesagt?* erfragen, z. B.:
Mein Bruder wohnt im Sportinternat.
Wer? *Was wird ausgesagt?*
Subjekt Prädikat
Besteht das Prädikat nur aus der finiten (gebeugten) Verbform, nennt man es **einteiliges Prädikat**. Ein **mehrteiliges Prädikat** besteht aus der finiten (gebeugten) Verbform und anderen infiniten (ungebeugten) Verbformen (Infinitiv, Partizip II) oder weiteren Wörtern. Das mehrteilige Prädikat kann andere Satzglieder einrahmen und bildet dann einen **prädikativen Rahmen**, z. B.: *Voriges Jahr sind wir umgezogen. Er trug früher als Kind Zeitungen aus.*

Wortliste
die Mutter / der Vater / meine Freunde / unsere Großeltern / ich / du / ihr / spielen / lernen / verreisen / schreiben / reparieren / backen / fahren / Kuchen / Vokabeln / mein Fahrrad / im Sommer / meinem Bruder / im Garten

1 Bilde mithilfe der Wörter aus der Wortliste kurze Sätze. Schreibe in dein Heft.

2 Unterstreiche in deinen Sätzen das Subjekt einmal, das Prädikat doppelt.

●●● 3 Erfrage die übrigen Satzglieder und bestimme sie. Nutze folgende Abkürzungen und schreibe sie jeweils darüber: Dativobjekt – DO, Akkusativobjekt – AO, Adverbialbestimmung des Ortes – ABO, Adverbialbestimmung der Zeit – ABZ

4 Unterstreiche in folgenden Sätzen die Subjekte einmal und die Prädikate zweimal. Bestimme Person und Zahl der Subjekte und der Prädikate. Schreibe deine Lösung in Klammern hinter die Sätze.

1 Wir leben in einer seltsamen Zeit. ____

2 In öffentlichen Gebäuden tragen alle Menschen Masken. ____

3 Wir waschen uns sehr häufig die Hände. ____

4 Nicht jedes Kind geht zurzeit in die Schule. ____

5 Einige lernen selbstständig zuhause mit Unterstützung der Eltern. ____

1 a Bilde z. B. solche Sätze.
Die Mutter bäckt Kuchen. Der Vater …

Prädikate können u. a. durch **Genitivobjekte** ergänzt werden. Heute verwendet man Verben mit dieser Ergänzung meist nur in der Schriftsprache.
Genitivobjekte lassen sich mithilfe der Frage *Wessen?* bestimmen, z. B.:
Malte rühmt sich seiner Reitkünste. Wessen? Genitivobjekt
Bei manchen Objekten wird der Fall von einer **Präposition** bestimmt.
Diese Objekte nennt man **Präpositionalobjekte**, z. B.:
Er kümmert sich um ihren Sohn.
sich kümmern um (Um wen? Worum?) Präpositionalobjekt im Akkusativ

1 Es gibt Verben, die ein Genitivobjekt erfordern.

a Ermittle in den Sätzen das Genitivobjekt mithilfe der Frage *Wessen?* und unterstreiche es.

1 Tom ist sich seines Fehlers bewusst.

2 Du bist dir deiner Sache aber sehr sicher.

3 Mein bester Freund ist meines Vertrauens würdig.

4 Viele sind der englischen Sprache nicht ausreichend mächtig.

b Setze die Wortgruppen in Klammern im Genitiv ein.

1 Der Verdächtige wird ______________ angeklagt. (ein Verbrechen)

2 Der Bürgermeister wurde ______________ enthoben. (sein Amt)

3 Matti enthält sich während der Wahl ______________. (seine Stimme)

4 Meinen Nachbarn bezichtigt man ______________. (ein Betrug)

2 Präpositionalobjekte kann man erfragen.

Tipp
Nutze folgende Fragewörter:
Wovor (Vor was?)
Woran (An was?)
Womit (Mit was?)

a Erfrage die unterstrichenen Wortgruppen.
Wähle die passenden Fragewörter aus.

1 Anna fährt regelmäßig mit dem Fahrrad zur Schule. ______________

2 Kleine Kinder fürchten sich oft vor Hunden. ______________

3 Wir gewöhnen uns an das schlechte Wetter. ______________

Wortliste
Wörter:
die Arbeit / eine Erklärung seines Sohnes / Mirja / der Grund
Präpositionen:
von / für / auf / in / nach

b Setze in die Lücken Präpositionalobjekte sinnvoll ein.
Nutze dazu die Wörter und Präpositionen aus der Wortliste.

1 Meiner Mutter ist ______________ müde.

2 Der Vater hat ______________ gehofft.

3 Nils ist unsterblich ______________ verliebt.

4 Der Lehrer fragt den Schüler ______________ seines Fehlens.

Mehrteilige Prädikate

1 Prädikate bestehen oft aus mehreren Teilen. Sie bilden einen prädikativen Rahmen, bestehend aus der finiten (gebeugten) Verbform und anderen infiniten (ungebeugten) Verbformen (Infinitiv, Partizip II).

a Bestimme in den Sätzen die Prädikate. Unterstreiche die finite Verbform doppelt und die infiniten Prädikatsteile einfach.

1. Letztes Jahr ist Pauline oft im Meeresaquarium in Stralsund gewesen.
2. Dort kann man einheimische, aber auch Meerestiere aus fremden Gegenden bestaunen.
3. Es werden mehr als 50 riesige Aquarien angeboten.
4. Man sollte unbedingt das Schildkrötenbecken ansehen.
5. Im Januar hat es Nachwuchs bei den Blaupunktrochen gegeben.
6. Im Museum kann man auch verschiedene Ausstellungen besuchen.
7. Auch in diesem Jahr werden ihre Eltern und sie wieder mehrmals nach Stralsund zum Museum fahren.

Tipp
Lies auf S. 44 nach, wie die Zeitformen gebildet werden.

b Setze die Verben in der angegebenen Zeitform in die Sätze ein.
Unterstreiche die finite Verbform doppelt und die infiniten Prädikatsteile einfach.

1. Letzte Woche ________________ ich meinen Geburtstag ________________.
   (feiern – Perfekt)
2. Dazu ________________ meine Großeltern extra aus Hamburg ____.
   (anreisen – Plusquamperfekt).
3. Sie ________________ mir ein neues Fahrrad ____________________________.
   (schenken – Perfekt)
4. Diese Überraschung ____________ ich nicht so schnell ________________.
   (vergessen – Futur I)

Wortliste
nachdenken / wegschließen / aufräumen / zuhören / mitbringen

2 Bilde mithilfe der zusammengesetzten Verben aus der Wortliste aussagekräftige Sätze. Schreibe in dein Heft.
Unterstreiche die finite Verbform doppelt und die infiniten Prädikatsteile einfach.

Kommasetzung bei Aufzählungen

Manche Sätze enthalten **Aufzählungen** in Form von Wörtern oder Wortgruppen. Für ihre Schreibung gelten folgende Regeln:
Die Glieder einer **Aufzählung** werden durch **Kommas** voneinander getrennt, außer wenn sie mit den Konjunktionen (Bindewörtern) *und, oder, sowie, sowohl … als auch, weder … noch …* verbunden sind, z. B.:
Wir benutzen täglich Rolltreppen, Lastenaufzüge oder Fahrstühle.
Ein **Komma** muss man auch bei entgegenstellenden Konjunktionen setzen wie *aber, doch, jedoch, nicht nur …, sondern auch …*, z. B.:
In unserer Schule gibt es Treppen, aber keinen Fahrstuhl.

1 Sätze können Aufzählungen von Wörtern oder Wortgruppen enthalten.

a Unterstreiche in den Sätzen die Glieder der Aufzählung und setze die fehlenden Kommas.

Achtung, Fehler!

1 Meine Mutter kauft regelmäßig beim Bäcker beim Fleischer und im Supermarkt ein.

2 Sie fährt dann entweder mit dem Auto oder dem Fahrrad.

3 Unsere Familie isst gern frisches Gemüse leckeres Obst und ab und zu etwas Fleisch.

4 Im Frühjahr Sommer und Herbst ernähren wir uns oft mit dem, was unser Garten hergibt.

5 Für den Winter lagern wir unsere eigenen Kartoffeln Möhren und anderes Wurzelgemüse ein aber auch Äpfel.

b Beantworte die Fragen in ganzen Sätzen. Nutze dazu Aufzählungen mit mindestens drei Gliedern.

Was sind beliebte Urlaubsländer der Deutschen?

____

____

Was begeistert Menschen an fremden Ländern?

____

____

Was muss vor einer mehrwöchigen Urlaubsreise organisiert werden?

____

____

Bau des zusammengesetzten Satzes

Satzgefüge

Sätze, die inhaltlich eng zusammengehören, lassen sich zu einem **zusammengesetzten Satz** verbinden. Die Teilsätze des zusammengesetzten Satzes verbindet man meist mit einer **Konjunktion**.
Satzgefüge bestehen aus mindestens einem **Hauptsatz** und einem **Nebensatz**.
Hauptsätze erkennt man daran, dass die finite (gebeugte) Verbform an zweiter Satzgliedstelle steht. **Nebensätze** erkennt man an folgenden Merkmalen:

- am Satzanfang steht meist ein **Einleitewort**,
- am Satzende steht die **finite** (gebeugte) **Verbform**, z. B.:

Kälber fängt sie mit dem Lasso, [weil] sie diesen Cowboytrick beherrscht.
Hauptsatz (Hs) Nebensatz (Ns)

1 Satzgefüge bestehen aus mindestens einem Hauptsatz und einem Nebensatz.

a Bilde zusammengesetzte Sätze. Formuliere die Sätze in Klammern in Nebensätze um.

1 Paul war vier Jahre alt, als (Er bekam sein erstes Fahrrad geschenkt.)

..., als er ______________________________

2 Es war ein grasgrünes Rad, obwohl (Paul mag diese Farbe nicht.)

... ______________________________

3 Deshalb war er traurig, dass (Seine Großeltern haben seinen Wunsch nach einem blauen Fahrrad missachtet.)

... ______________________________

____

4 Trotzdem strotzte Paul vor Stolz, weil (Anderen Kindern gefiel sein grasgrünes Bike.)

... ______________________________

____

b Markiere in den gebildeten Nebensätzen die Einleitewörter (Konjunktionen) und unterstreiche die finiten Verbformen zweimal.

2 In folgenden Sätzen fehlen die Kommas.

a Lies die Sätze und setze die fehlenden Kommas.

Achtung, Fehler!

Tipp
In einem der Sätze musst du zwei Kommas setzen.

1 Die Winterferien verbringt Familie Kleinschmidt oft in den Bergen da sie begnadete Skifahrer sind. (Hs, ____________)

2 Auch der jüngste Sohn der Familie fährt mit seinen vier Jahren bereits die Berghänge hinab weil er im letzten Jahr einen Skikurs besucht hatte. (____________)

3 Dass sie jedes Jahr auf genug Schnee hoffen kann man gut verstehen. (____________)

4 Sie können nur wenn es genug geschneit hat ihrem geliebten Hobby nachgehen. (____________)

b Markiere die Einleitewörter (Konjunktionen) für den Nebensatz.

c Bestimme die Teilsätze der Satzgefüge als Hauptsatz (Hs) und Nebensatz (Ns) und notiere den Satzbauplan in Klammern.

3 Verbinde die beiden Sätze jeweils zu Satzgefügen. Nutze dafür die Konjunktionen aus der Wortliste. Achte auf die Kommas.

Wortliste
Konjunktionen für den Nebensatz:
weil / dass / wenn / als / obwohl / da / damit

1 Fußball ist das Hobby vieler Jungen und Mädchen. Ihre Väter bringen ihnen das Spielen bei.

____

____

2 Mädchen tanzen häufig lieber als Jungen. Jungen und Mädchen hören gerne Musik.

____

____

3 Musikschulen haben einen regen Zuwachs an Mitgliedern. Kinder interessieren sich für das Erlernen eines Instrumentes.

____

____

Nebensätze, die mit einem **Relativpronomen** (bezüglichen Fürwort: *der, die, das, die; welcher, welche, welches, welche*) eingeleitet werden, nennt man **Relativsätze**. Das Relativpronomen bezieht sich auf ein Nomen/Substantiv (Bezugswort) im Hauptsatz und charakterisiert es näher, z. B.:
Bald erschöpft waren die Goldvorkommen, die viele Glücksritter anzogen.

In einen Hauptsatz **eingeschobene Relativsätze** werden von Kommas eingeschlossen, z. B.:
Die Goldvorkommen, die viele Glücksritter anzogen, waren bald erschöpft.

4 In zwei Sätzen sind Fehler in der Kommasetzung aufgetreten.

a Suche und unterstreiche die Relativsätze und setze die fehlenden Kommas.

Achtung, Fehler!

1 Erich Kästner, der aus Dresden stammt, ist ein berühmter Kinderbuchautor.
2 1929 erschien sein erstes Buch für Kinder das den Titel „Emil und die Detektive" trägt.
3 Im Buch geht es um den Jungen Emil, der allein zu seiner Großmutter nach Berlin fährt.
4 Seine Mutter gibt Emil 120 Mark mit, die er sicher verwahren soll.
5 Im Zug sitzt ihm der Mann mit dem steifen Hut gegenüber welcher ihn beklaut, als Emil einschläft.
6 In der Stadt gibt es dann eine Verbrecherjagd, die Emil und die Detektive durch das nächtliche Berlin führt.

b Markiere die Relativpronomen und die Nomen, auf die sie sich beziehen.

5 Suche in den Sätzen die Relativsätze und unterstreiche sie.
Markiere das Relativpronomen und das Bezugsnomen.
Setze die fehlenden Kommas.

Levi Strauss der die Jeanshose „erfand" lebte in Amerika. 1850 segelte er von New York nach Kalifornien. Menschen wie Levi die reich werden wollten suchten ihr Glück als Goldgräber. In seinem Gepäck hatte Levi einen Ballen Segeltuch den er aus Deutschland mitgenommen hatte. Am Hafen traf er auf einen Abenteurer welcher ihm den Tipp gab aus dem Stoff stabile Hosen herzustellen die mit Nieten versehen sind. Levi suchte sich daraufhin einen Schneider der ihm bei der Umsetzung dieser Idee behilflich war.

Der **Fall** des **Relativpronomens** richtet sich nach dem **Verb** des Relativsatzes oder nach der **Präposition** vor dem Relativpronomen, z. B.:
Der Goldklumpen, den ein Arbeiter fand, … — *finden* + Akkusativ
Der Film, von dem ich erzählt habe, … — *von* + Dativ

Wortliste
der / die / das / welcher / welche / welches / welchen / deren

Achtung, Fehler!

6 Setze in die Lücken passende Relativpronomen ein.
Achte auf den richtigen Fall und die Kommasetzung.
Nutze die Relativpronomen aus der Wortliste.

Astrid Lindgren, *die* mit vollem Namen eigentlich Astrid Anna Emilia Lindgren (geb. Ericsson) hieß, wurde am 14. November 1907 in Vimmerby (Schweden) geboren. Kinder __________ aus einem einfachen Elternhaus stammten gingen damals nur drei Jahre zur Schule. Den Besuch einer weiterführenden Schule für __________ 25 Kronen im Halbjahr bezahlt werden mussten konnten sich Astrids Eltern nicht leisten. Aber Astrid hatte eine Freundin __________ Eltern das Ehepaar Ericsson überzeugten, das Schulgeld aufzubringen. Astrid __________ besonders begabt in den Sprachen Englisch, Französisch und Deutsch war konnte weitere sechs Jahre zur Schule gehen. Somit legte sie den Grundstein für ihre Karriere als Schriftstellerin __________ zu Weltruhm führte. Für ihre Tochter Karin __________ 1941 krank im Bett lag erfand Astrid Geschichten rund um die wohl berühmteste Figur der Welt. Denn den Namen __________ sich die Tochter Karin ausgedacht hatte kennt jeder: Pippi Langstrumpf.

●●● 7 Bilde aus dem jeweils zweiten Satz einen Relativsatz und füge ihn mithilfe eines Relativpronomens in den ersten Satz ein. Achte auf die Kommasetzung. Schreibe in dein Heft.

1 Biologen sind Wissenschaftler. Sie erforschen alle Arten von Lebewesen auf der Erde.
2 Meeresbiologen konzentrieren ihre Arbeit auf die Ozeane. Sie sind Lebensraum für eine Vielzahl von Tieren und Pflanzen verschiedener Art.
3 Die verschiedenen Tierarten wären für einen einzelnen Wissenschaftler viel zu viel. Er muss den Gegenstand seiner Forschung eingrenzen.
4 Einige Forscher konzentrieren sich in ihrer Arbeit auf die großen Tiere im Meer. Sie untersuchen beispielsweise die Lebensweise von Walen oder Haien.
5 Ein berühmter Meeresforscher war Jacques-Yves Cousteau. Ihn faszinierte auch die Fliegerei.

Satzreihe (Satzverbindung)

Eine **Satzreihe** (Satzverbindung) ist eine Verbindung von **zwei oder mehr Hauptsätzen**. Hauptsätze erkennt man daran, dass die finite (gebeugte) Verbform an zweiter Satzgliedstelle steht. Hauptsätze können unverbunden nebeneinanderstehen oder mithilfe von **nebenordnenden Konjunktionen** (Bindewörtern) miteinander verbunden werden.
Hauptsätze werden in der Regel durch **Komma** voneinander **getrennt**.
Nur wenn Hauptsätze durch die Konjunktionen *und*, *oder*, *sowie*, *beziehungsweise (bzw.)* verbunden sind, ist die Kommasetzung freigestellt.
Man sollte Hauptsätze also am besten immer durch Komma trennen, z. B.:
Der Turm hat 28 Etagen(,) und er lebt im 19. Stock.
Enrique wohnt im 19. Stock, aber es gefällt ihm hier.

1 Satzverbindungen bestehen aus mindestens zwei Hauptsätzen.

a Ermittle in folgenden Sätzen die Teilsätze. Unterstreiche jeweils die Subjekte einmal und die finiten Verbformen zweimal.

1 In Pisa steht ein besonders schräger Turm, deshalb ist die Stadt berühmt.
2 Der Turm ist einsturzgefährdet, denn er neigt sich fast vier Meter zur Seite.
3 Der Baumeister wollte angeblich seine Geschicklichkeit beweisen, aber diese Geschichte stimmt nicht.
4 Der Turm steht auf einem weichen Untergrund aus Lehm und Sand, und er neigt sich deshalb immer mehr nach Norden.
5 Trotzdem ist der Turm für weitere 300 Jahr gesichert, und die Neigung wurde durch Sanierungsmaßnahmen verringert.

b Markiere die Konjunktion, die die Teilsätze verbindet.

●●● c In zwei Sätzen ist das Komma zwischen den Hauptsätzen freigestellt. Markiere diese Kommas.

Wortliste
Konjunktionen:
und / aber / oder / denn / deshalb / trotzdem / darum / somit

2 Verbinde in deinem Heft die Sätze zu Satzverbindungen.
Nutze dazu die Konjunktionen aus der Wortliste. Setze die Kommas.

1 Jährlich besichtigen viele Touristen das kuriose Bauwerk. Man erfreut sich durch Postkarten an dessen außergewöhnlichem Aussehen.
2 Der Turm wurde 13 Jahre lang saniert. Er ist seit Dezember 2001 wieder für Touristen geöffnet.
3 Der Schiefe Turm von Pisa ist nicht das schiefste Gebäude der Welt. Er gehört zu den schiefsten Bauwerken, die unabsichtlich in eine Schieflage geraten sind.

Die Satzgliedstellung im Nebensatz

1 Viele Nebensätze erkennt man an einem Einleitewort und der Endstellung der finiten (gebeugten) Verbform.

a In folgenden Sätzen sind die Nebensätze unterstrichen. Markiere jeweils das Einleitewort und die finite Verbform.

1 Weil ich in meiner Freizeit gerne an der frischen Luft bin, fahre ich gerne Fahrrad. [*Ns, Hs*]

2 Zu meinem letzten Geburtstag habe ich ein neues Fahrrad geschenkt bekommen, da mir mein altes Fahrrad gestohlen wurde. [__________]

3 Am liebsten fahre ich zusammen mit anderen Fahrrad, sodass ich mich immer auf die großen Radtouren am Wochenende mit meinen Eltern freue. [__________]

b Ergänze in Klammern den Satzbauplan. Kennzeichne Hauptsätze mit Hs und Nebensätze mit Ns.

2 Bilde zusammengesetzte Sätze mit Hauptsatz und Nebensatz.

a Verbinde dazu die einfachen Sätze mithilfe der angegebenen Konjunktion. Achte auf die Kommasetzung.

1 Auch meine Großeltern wollen gern an den Ausflügen teilnehmen. Sie sind körperlich nicht mehr so fit. → obwohl

____

____

____

2 Meine Großeltern besitzen seit Neuestem moderne E-Bikes. Sie radeln uns Jüngeren mittlerweile davon. → sodass

____

____

____

b Bestimme in den Teilsätzen die finite Verbform und unterstreiche sie doppelt. Rahme in den Nebensätzen das Einleitewort ein.

Zeichensetzung bei der direkten (wörtlichen) Rede

In schriftlichen Texten kennzeichnet man die **direkte** (wörtliche) **Rede** mit **Anführungszeichen**. Oft steht vor, zwischen oder nach der direkten Rede ein **Begleitsatz**. **Ausrufezeichen** und **Fragezeichen**, die zur direkten Rede gehören, stehen innerhalb der Anführungszeichen. Ein eingeschobener Begleitsatz wird ebenso wie ein Begleitsatz hinter der direkten Rede durch **Kommas** abgetrennt, z. B.:
Ich fragte: „Wann bist du zurück?“
„Das weiß ich nicht genau“, erklärte Tini, „das hängt vom Wetter ab.“
„In Ordnung, dann melde dich einfach“, schlug ich vor.

●○○ **1** Lies den Auszug aus dem Jugendbuch „Ich hätte Nein sagen können“ von Annika Thor.
Unterstreiche die Begleitsätze. Markiere die direkte Rede.

„Karin?“, hörte ich Fannys Stimme. „Ja?“ „Duschst du eigentlich nie?“ Fanny wusste natürlich, dass Karin nie in der Schule duschte. „Doch, ich …“, murmelte Karin. „Was hast du gesagt? Ich hab dich nicht verstanden“, sagte Fanny höhnisch. „Doch, zu Hause …“ […] Aus dem Umkleideraum hörte ich Fannys Stimme: „Wie eklig! Wenn jemand nach dem Match nicht duscht. Wahrscheinlich ziehst du wieder dieselben Klamotten an und sitzt damit in der Klasse und riechst.“

2 Kennzeichne in den Sätzen die direkte Rede und ergänze alle fehlenden Satzzeichen.

Achtung, Fehler!

1 Der Lehrer fragt seine Klasse Wohin wollen wir im nächsten Schuljahr auf Klassenfahrt?
2 Unbedingt an die See! schreien die Mädchen.
3 Das könnt ihr vergessen erwidern die Jungen wir wollen nach Berlin.
4 Wenn ihr euch nicht sofort einigen könnt, machen wir zunächst eine Liste, was euch interessiert. Und dort, wo es die größten Gemeinsamkeiten gibt, fahren wir hin merkt der Lehrer an.
5 Die Klassensprecherin Marlies meint Das ist eine gute Idee!
6 Wie sollen wir vorgehen? fragt Saida.
7 Wir könnten mit einem Brainstorming beginnen schlägt Tao vor und danach ordnen.
8 Lasst uns gleich damit anfangen drängt Ole. Wer schreibt mit?

3 Kennzeichne die direkte Rede und ergänze alle fehlenden Satzzeichen.
Denke auch an die Satzschlusszeichen.

Achtung, Fehler!

1 Die 6. Klassen der Nachbarschule fahren jedes Jahr nach Mecklenburg-Vorpommern zum Paddeln bringt Tom in die Diskussion ein

2 Nicht schlecht die Idee sagt auch Marlies, die Klassensprecherin, da können wir am Wasser sein, aber auch mal zum Shoppen nach Stralsund fahren

3 Christian schüttelt nur mit dem Kopf und meckert War ja klar, Mädchen denken immer nur ans Geldausgeben

4 Was hast du denn für einen Vorschlag fragt nun Gabriella

5 Christian erwidert kleinlaut Eigentlich auch keinen besseren

6 Also abgemacht fasst Marlies die Diskussion zusammen wir verbringen unsere Klassenfahrt sowohl auf dem Wasser als auch auf dem Land

4 Bilde Sätze mit direkter Rede.

Tipp
Überlege, ob du den Begleitsatz voranstellen, nachstellen oder einschieben solltest.

a Lies, was Vater, Sohn und Mutter sagen.
Gib das Gespräch in direkter Rede wieder. Überlege dir jeweils passende Begleitsätze.

Begleitsatz	Direkte Rede
der Vater fragt	Hast du die Hausaufgaben gemacht, die zu morgen zu erledigen waren?
der Sohn …	Die Aufgaben hat Mama schon kontrolliert, als sie von der Arbeit kam.
die Mutter …	Das stimmt, ich habe sie bereits überprüft.

b Vergleiche deine Zeichensetzung mit dem Merkkasten auf der Seite 64.

4 Du kannst z. B. folgende Formulierungen für Begleitsätze nutzen.
der Vater fragte / wollte wissen / erkundigte sich der Sohn / antwortete / erwiderte / murmelte die Mutter / antwortete / bestätigte / rief aus dem Nebenzimmer

Wortbildung

Zusammensetzungen

Zusammensetzungen bestehen aus selbstständigen Wörtern, und zwar aus einem **Bestimmungswort** und einem **Grundwort**.

Bestimmungswort	**+**	**Grundwort**	**= zusammengesetztes Wort**
die Polizei	+	*der Chef*	*der Polizeichef*
der Tag	+	*hell*	*taghell*
unter	+	*tauchen*	*untertauchen*

Die **Wortart des Grundwortes** entscheidet über die Wortart der Zusammensetzung und damit über die Groß- oder Kleinschreibung sowie über ihr grammatisches Geschlecht.

Manchmal muss eins der **Fugenelemente** *-(e)s-*, *-(e)n-*, *-er-* die beiden Wörter verbinden, z. B.:

die Tasche + der Dieb → der Taschendieb,
der Inhalt + die Angabe → die Inhaltsangabe,
das Kind + der Tag → der Kindertag.

1 Groß- oder Kleinschreibung?

a Bilde Zusammensetzungen und schreibe sie in der richtigen Groß- bzw. Kleinschreibung auf.
Ergänze bei Nomen/Substantiven den passenden Artikel.

Tipp
Achte auf die Wortart des Grundwortes.

Blitz + schnell = ______________________

schlafen + Mütze = ______________________

nach + rennen = ______________________

Kopf + rechnen = ______________________

kennen + Wort = ______________________

trinken + Flasche = ______________________

Zitrone + gelb = ______________________

Arbeit + Tag = ______________________

Kind + Zimmer = ______________________

blind + Schrift = ______________________

b Schreibe folgende Zusammensetzungen in der richtigen Groß- oder Kleinschreibung auf.
Ergänze bei Nomen die Artikel und kennzeichne die Bestandteile durch Schrägstriche.

1 ZIEGENKÄSE	**2** BLAUBEEREN	**3** TRINKGLAS
4 SPIEGELEI	**5** WEGESSEN	**6** SCHULBROT
7 GESCHMACKSNEUTRAL	**8** KARTOFFELBREI	**9** ESSBESTECK
10 ZURUFEN	**11** TAUBENBLAU	**12** KINDERLIEB

1 der Ziege/n/käse, ______________________________

____

____

____

____

c Markiere in allen Zusammensetzungen der Aufgaben 1a und b die Fugenelemente.

2 Ersetze die unterstrichenen Wortgruppen durch Zusammensetzungen und schreibe sie in die Lücken.

Emma hat ein neues Handy zu ihrem Tag der Geburt (______________________) bekommen. Ihre Freude davor (______________________) war besonders groß, da sie es sich selbst aussuchen durfte. Um das neue Telefon zu schützen, kauft sie sich eine Tasche für das Handy (______________________). Das Tragen einer solchen Tasche ist ein neuer Trend in der Mode (______________________).

●●● **3** Welches Wort passt nicht in die Reihe? Begründe deine Antwort.

1 Gardinenstange, Küchentisch, Lampenschirm, Bestuhlung

2 wegschleichen, verlaufen, nachgehen, ankommen

3 hundemüde, putzmunter, schläfrig, hellwach

Begründung: ______________________________

____

Ableitungen

Ableitungen entstehen vor allem durch das Anfügen von **Präfixen** (Vorsilben) und **Suffixen** (Nachsilben) an einen Wortstamm, z. B.:
ver- + spielen → verspielen; spielen + -er → der Spieler; spielen + -isch → spielerisch.
Durch das Anfügen von **Präfixen** (Vorsilben) wie *be-, ent-, er-, miss-, ver-, zer-* verändert sich die Bedeutung von Verben, z. B.:
raten – beraten – erraten – verraten – missraten.
Ableitungen können auch durch Änderung des Stammvokals entstehen, z. B.:
fliegen → der Flug; binden → das Band, der Bund, bündig.
Aus abgeleiteten und zusammengesetzten Wörtern kann man **Wortfamilien** bilden. Diese bestehen aus Wörtern mit einem gemeinsamen Wortstamm, z. B.:
gehen → begehen, der Gang → ausgehen, der Ausgang.

1 Entscheide, welche Wörter durch Ableitung entstanden sind.

a Markiere die abgeleiteten Wörter der Wortfamilie mit dem Wortstamm *-lehr-*.

der Lehrer, lehren, das Lehrbuch, lehrhaft, belehren, die Lehrkraft, ein Lehrstuhl, gelehrig, die Lehrerin, die Lehrerschaft

b Bilde mit dem Wortstamm *-wohn-* eine Wortfamilie.
Schreibe in dein Heft und markiere die abgeleiteten Wörter.

Wortliste
kennen / wagen / erlauben / zeugen / geloben

2 Aus Verben können durch Ableitung Nomen/Substantive entstehen.

a Leite Nomen aus den Verben in der Wortliste ab. Nutze das Suffix *-nis*.
Schreibe die Nomen mit Artikel in deinem Heft auf.

kennen → die Kenntnis

b Ergänze die Pluralformen zu den Nomen. Achte auf die Rechtschreibung.

Wortliste
Präfixe:
ent- / be- / ver- / zer- / miss- / er-

3 Bilde abgeleitete Verben mit den Präfixen aus der Wortliste.

fallen: ______________________

____

stehen: ______________________

____

Wortliste
der Samt / die Nacht / hungern / der Durst / sparen / haften / der Sturm

●●● 4 Schreibe abgeleitete Adjektive zu den Wörtern aus der Wortliste in dein Heft.
Zerlege sie mit senkrechten Strichen in ihre Wortbestandteile.

der Samt → samt/ig

Wortbedeutung

Synonyme

Wörter einer Wortart, die eine ähnliche Bedeutung haben, nennt man **Synonyme**. Sie bilden ein **Wortfeld**, mit dessen Hilfe man einen Text abwechslungsreicher gestalten und Wortwiederholungen vermeiden kann. Meist weisen Synonyme kleine Bedeutungsunterschiede auf, z. B.: *sagen*, *reden*, *sprechen*, *rufen*, *meinen*.

1 Setze in die Lücken die passenden Synonyme zum Wortfeld *gehen* aus der Wortliste ein. Es gibt mehrere Möglichkeiten.

Wortliste
schlurfen / schlendern / stampfen / tänzeln / marschieren / stöckeln / wandeln / tippeln / bummeln / schreiten / waten / spazieren

1 Die Schulklasse ____________ mit vollem Gepäck durch den Wald.

2 Wutentbrannt ____________ der Junge aus dem Raum.

3 Die junge Frau ____________ auf ihren hohen Schuhen vor uns her.

4 In unserer Freizeit ____________ meine Freundinnen und ich gern durch die Stadt.

5 Während Ebbe ____________ Touristen gern durch das Watt.

2 Ersetze das Adjektiv *schön* durch passende Synonyme aus der Wortliste. Schreibe die Sätze neu in dein Heft.

Wortliste
beachtlich / heiter / gepflegt / warm / nett / hübsch / sonnig / großartig / glänzend / geschmackvoll

1 Das Wetter ist heute besonders schön.

2 In der Deutscharbeit hat Nina eine schöne Leistung vollbracht.

3 Nach dem Friseurbesuch betrachtete sie ihre schönen Haare im Spiegel.

4 Die junge Frau ist nicht nur schön, sondern auch klug.

5 Es war besonders schön, dass er mir bei den Hausaufgaben geholfen hat.

6 Der Münzsammler betrachtete die schöne Münze in seinen Händen.

3 Überarbeite folgenden Text. Gestalte ihn interessanter und vermeide unnötige Wortwiederholungen mithilfe von Synonymen. Schreibe in dein Heft.

Nach der Schule geht Jonas zunächst nach Hause. Zuerst geht er in die Küche und isst etwas, danach geht er rasch in sein Zimmer und macht die Hausaufgaben. Wenn er fertig ist, schnappt Jonas sich seinen Hund und geht mit ihm eine große Runde ums Haus. Später geht er noch zum Training und gegen 21 Uhr geht er müde ins Bett.

3 Du kannst z. B. folgende Verben nutzen.
bummeln / eilen / laufen / springen / spazieren / hetzen / rennen / schleichen / traben

Mehrdeutige Wörter

Viele Wörter haben nicht nur eine Bedeutung, sondern mehrere. Man nennt sie **mehrdeutige Wörter**. Welche der Bedeutungen gemeint ist, wird erst aus dem Verwendungszusammenhang klar, z. B.:
die Mäuse (Tiere) – *die Mäuse (umgangssprachlich für* Geld*).*

Wortliste
die Erde /
der Flügel /
der Strauß

1 Jedes der Wörter aus der Wortliste hat zwei Bedeutungen.
Umschreibe die beiden Bedeutungen in je einem kurzen Satz.

____

____

____

____

____

____

2 Setze ein Adjektiv ein, das in beide Sätze passt.

1 Tobias hat einen ______________ Auftritt hingelegt.
Karl hat ______________ Arme.

2 Der Apfel ist ______________.
Im Theater haben sich die Eltern ______________ amüsiert.

3 Über den Witz hat die Tante ______________ gelacht.
Wir sollen euch ______________ von Oma und Opa grüßen.

4 Nach dem Verlust fand sein Freund für ihn ______________ Worte.
Es ist weder kalt noch heiß, sondern angenehm ______________.

●●● 3 Lies die Wörter in der Wörterliste.

Wortliste
die Miene – die Mine /
das Lied – das Lid /
wieder – wider

a Begründe, warum sie unterschiedlich geschrieben werden.

____

b Verwende die Wörter in sinnvollen Sätzen. Schreibe in dein Heft.

2 Wähle aus folgenden Adjektiven passende aus.
herzlich / wichtig / köstlich / stark / warm / freundlich / sauer / glücklich

Redewendungen

Redewendungen (Wortgruppen) sind feste sprachliche Wendungen, mit denen sich etwas besonders anschaulich und einprägsam ausdrücken lässt, z. B.: *auf die Nase fallen, sich den Kopf zerbrechen.*

1 Kennst du die folgenden Redewendungen?

a Verbinde die Redewendung mit der passenden Erläuterung.

etwas ist im Busch	eine Angelegenheit in Gang bringen
sein wahres Gesicht zeigen	Gefahr frühzeitig bemerken
Lunte riechen	jemanden betrügen
jemanden übers Ohr hauen	im Verborgenem geschieht etwas
einen Stein ins Rollen bringen	seinen Charakter offen zeigen

b Verwende drei der Redewendungen in Sätzen. Schreibe in dein Heft.

c Was bedeuten die folgenden Redewendungen? Schreibe die Erklärung dahinter.

Hand in Hand arbeiten: ______

wie auf Eiern gehen: ______

jemanden unter die Lupe nehmen: ______

2 Körperteil gesucht!

a Welches Körperteil passt in alle Lücken? Schreibe das Lösungswort auf.

1 sich den ? verbrennen **2** nicht auf den ? gefallen sein

3 jemandem nach dem ? reden **4** den ? zu voll nehmen **5** in aller ? sein

______

b Wähle zwei Redewendungen aus und erkläre ihre Bedeutung in deinem Heft.

3 Welches Wort aus der Klammer passt?

a Schreibe das passende Wort auf.

1 jemanden über den ______ ziehen (Bank, Tisch, Stuhl)

2 jemanden in der ______ haben (Kopf, Hand, Bein)

3 jemanden wie ______ behandeln (Wind, Luft, Sturm)

b Verwende jede Redewendung in einem sinnvollen Satz.

Mit Nachschlagewerken umgehen

Es gibt unterschiedliche **Nachschlagewerke**, z. B. **Lexika** (Singular: *das Lexikon*) und **Wörterbücher**. Nachschlagewerke erscheinen nicht nur als Buch, sondern auch als elektronische Medien (z. B. CD, DVD) und im **Internet**.

1 Welche Nachschlagewerke kennst du?

a Beantworte folgende Fragen.
Wähle ein geeignetes Nachschlagewerk aus der Wortliste aus und schreibe es auf.

Wortliste
Rechtschreibwörterbuch / Telefonbuch / Katalog / Fremdwörterbuch / Lexikon

1 Wo findest du die Telefonnummer eines Tierarztes? ______

2 Wo schlägst du die Schreibung eines Wortes nach? ______

3 Wo kannst nach Modellen für Skateboards suchen? ______

4 Wo kannst du englische Vokabeln nachschlagen? ______

5 Wo findest du Informationen zu Burganlagen im Mittelalter?

______

b Was schlägst du in diesen Nachschlagewerken nach? Notiere Beispiele.

Atlas: ______

______

Synonymwörterbuch: ______

______

c Alle gesuchten Informationen aus Aufgabe a könntest du auch im Internet suchen.
Notiere zu jeder Frage geeignete Suchwörter.

1 *Tierarzt in Gera:* ______

2 ______

3 ______

4 ______

5 ______

Ein **Lexikon** (Plural: **Lexika**) ist ein **alphabetisch geordnetes Nachschlagewerk**, in dem Begriffe aus verschiedenen Wissensgebieten erklärt werden. Manchmal gibt es Verweise auf andere Wörter zum Thema. Lexika gibt es in Buchform und in elektronischer Form. Auch **Wörterbücher** gehören zu den Lexika, da in ihnen die Bedeutung von Wörtern erklärt wird.

2 Lies folgenden Lexikoneintrag und beantworte die drei Fragen in deinem Heft.

1. Zu welchen Themen liefert der Lexikonartikel Informationen?
2. Was ist das Besondere am Äußeren der Maulwürfe?
3. Welche Besonderheiten hat der Maulwurf noch?

Maulwurf

Der Maulwurf (Talpa) ist ein Insektenfresser und gehört zur Klasse der Säugetiere. Insgesamt gibt es über 35 verschiedene Arten. […]

Allgemeines zum Maulwurf
Der Europäische Maulwurf wird bis zu 17 Zentimeter lang und kann bis zu 120 Gramm wiegen. Dabei hat er eine längliche Form und einen etwa drei Zentimeter langen Schwanz. Das Fell des Maulwurfs ist kurz, sehr dicht und meistens dunkelgrau. Schwanz, Nase und Füße sind unbehaart. Die Ohröffnungen sind im Pelz verborgen, die Augen sind nur sehr winzig und daher kaum zu sehen. Die Hände des Maulwurfes sind nach außen gedreht und schaufelförmig. Sie dienen als Werkzeuge zum Graben. […]

Was frisst ein Maulwurf?
Der Maulwurf ernährt sich von Insekten und Regenwürmern. Diese findet er beim Graben unter der Erde, beim Durchstreifen seiner unterirdischen Gänge oder manchmal auch auf der Erdoberfläche, wenn er aus seinem Bau kommt. Pro Jahr kann ein Maulwurf bis zu 25 Kilogramm Regenwürmer verspeisen!

Wie lebt ein Maulwurf?
Den größten Teil seines Lebens verbringt der Maulwurf unter der Erde. Dort gräbt er sich ein verzweigtes System aus Gängen. Die Erde, die das Tier dabei herausschaufelt, türmt sich zu Erdhaufen auf, die auch gern Maulwurfshügel genannt werden. In einer Nacht kann ein Maulwurf bis zu 75 Meter lange Tunnel buddeln! Einen Tag-und-Nacht-Rhythmus haben die Insektenfresser nicht.

Maulwürfe sind Einzelgänger. Doch einmal im Jahr bringt ein weiblicher Maulwurf bis zu neun Junge auf die Welt. Die Kleinen sind nackt und hilflos. Sie werden drei bis acht Wochen lang von der Mutter gesäugt. Der Lebensraum dieser Tiere erstreckt sich über Nordamerika, Europa und Teile Asiens. Maulwürfe werden drei bis allerhöchstens sechs Jahre alt. […]

Was ist das Besondere an Maulwürfen?
Der Maulwurf ist fast blind, nur Hell und Dunkel kann das Tier unterscheiden. Dafür besitzt der Maulwurf spezielle Tastorgane (*Tastsinneszellen*) und Tasthaare an der Schnauze, die ihm bei der Orientierung und Nahrungssuche helfen.

●●● **3** Der Maulwurf ist zum „Tier des Jahres 2020" gekürt worden.
Recherchiere in einem Online-Lexikon weitere Informationen zu diesem Tier und schreibe einen ergänzenden Absatz zu dem Lexikoneintrag.

Häufig vorkommende Wortstämme richtig schreiben

Wörter mit langem Stammvokal

Die **Zerlegeprobe** hilft, die Kürze oder Länge des Stammvokals zu ermitteln: Man zerlegt die Wörter in **Silben**. Endet die erste Silbe des Wortstamms auf einen **Konsonanten** (Mitlaut), dann wird der Stammvokal in der Regel kurz gesprochen, z. B.: der *Schal-ter, Wes-te, bin-den*. Steht dagegen ein **Vokal** (Selbstlaut) am Ende der ersten Silbe, dann wird der Stammvokal immer lang gesprochen, z. B.: *die Scha-le, das Se-gel, he-ben*.

1 Unterscheide lange und kurze Stammvokale.

a Lies die folgenden Wörter laut und deutlich in Sprechsilben.

Tipp
Bei einsilbigen Wörtern nutze die Verlängerungsprobe.

der Falter ______________ die Ampel ______________

der Rabe ______________ das Tor ______________

der Pinsel ______________ der Zug ______________

die Hand ______________ der Fuß ______________

b Schreibe die Wörter in Silben mit einem Trennstrich auf die Linien. Setze unter kurze Vokale einen Punkt, unterstreiche lange Vokale.

Wortliste
mehlig / der Hut / die Beere / nehmen / das Moos / das Los / prahlen / die Nase / der Ruhm / aalglatt / der Staat / grasen

2 Lang gesprochene Vokale werden unterschiedlich geschrieben.

a Ordne die Wörter aus der Wortliste richtig in die Tabelle ein.

einfacher Vokal	Vokal + *h*	Doppelvokal

b Bilde wortverwandte Wörter zu diesen Wortfamilien.

das Haar: haarig, ... ______________

der Zahn: zahnlos, ... ______________

lesen: der Leser, ... ______________

Steht das *h* am Ende einer Silbe, nennt man es **silbenschließendes *h***.
Es steht nur vor *l*, *m*, *n* und *r*, z. B.: *die Höh-le, die Müh-le, neh-men*.
Steht das *h* am Anfang der zweiten Silbe, nennt man es **silbenöffnendes *h***, z. B.: *die Schu-he, ge-hen*.
Beginnt ein Wort mit *kl*, *kr*, *qu*, *sp*, *t* und *sch*, steht **nie ein silbenschließendes *h***, z. B.: *klar, die Krone, die Qual, die Spur, das Tal, der Schal*.

3 Übe Wörter mit *h* im Wortstamm.

a Wiederhole mithilfe des Merkkastens, was du darüber weißt.

b Bilde zu folgenden Verben mit silbenschließendem *h* die 2. Person Singular Präsens und die 3. Person Singular Präteritum.

zählen: ______

rühren: ______

zählen: ______

c Welches Wort passt jeweils nicht in die Reihe? Streiche es durch. Begründe deine Meinung.

1 der Lehrer / der Fehler / das Fohlen / die Reihe / die Lehne

2 berühren / fühlen / ziehen / stehlen / verzehren

Im Deutschen wird das **lang gesprochene *i*** meist als ***ie*** und manchmal (hauptsächlich in Namen) nur als ***i*** geschrieben, z. B.: *lieb, der Tiger*.

4 Präge dir Wörter mit *ie* ein.

a Diese Wörter mit *ie* sind durcheinandergeraten. Schreibe sie richtig auf.

RESIEG *der* ______ LEIZ *das* ______

LENIESCH *s* ______ BEIESN *s* ______

Wortliste
probieren / riechen / wiegen / frieren / gießen / quietschen

b Bilde zu den Verben aus der Wortliste die 2. Person Singular Präsens.

probieren – du probierst …

5 Untersuche folgende Wörter. Erkläre ihre unterschiedliche Schreibung und verwende sie in sinnvollen Sätzen. Schreibe in dein Heft.

1 mahlen und malen

2 der Bote und die Boote

3 der Stiel und der Stil

4 der Wal und die Wahl

Wörter mit kurzem Stammvokal

Nach kurzem betonten Stammvokal stehen meist **zwei Konsonanten** (Mitlaute). Der Konsonant wird nach einem kurzen betonten Vokal (Selbstlaut) beim Schreiben **verdoppelt**, wenn er zwei Silben wie ein Gelenk miteinander verbindet (**Silbengelenk**), z. B.:
die Tan ne, die Wol le, die Fal le.

Bei **zwei unterschiedlichen Konsonanten** entsteht kein Silbengelenk, deshalb wird nicht verdoppelt, z. B.:
die Tan te, die Wol ke, die Fal te.

Einsilbige Wörter muss man **verlängern** (**Verlängerungsprobe**), um zu entscheiden, wie sie geschrieben werden, z. B.:
he■ – hel ler → hell, er hä■ – hal ten → er hält.

1 Übe Wörter mit Doppelkonsonanten.

a Lies das Gedicht still. Setze die fehlenden Doppelkonsonanten und in der zweiten Strophe die zwei fehlenden Reimwörter ein.

Josef von Eichendorff

Mondnacht

Es war, als hä____ der Hi____el
die Erde sti____ gekü____t,
dass sie im Blütenschi____er
von ihm nun träumen mü____t.

Die Luft ging durch die Felder,
die Ähren wogten sacht,
es rauschten leis' die ________,
so sternklar war die ________.

Und meine Seele spa____te
weit ihre Flügel aus,
flog durch die sti____en Lande,
als flöge sie nach Haus.

Tipp
Es reimen sich immer die erste und dritte sowie zweite und vierte Zeile.

b Markiere im Gedicht alle Wörter mit Doppelkonsonanten. Begründe ihre Schreibung. Notiere die Regel aus dem Merkkasten.

c Schreibe ein Verb und ein Adjektiv mit Doppelkonsonant heraus und bilde ein dazugehöriges Nomen/Substantiv.

2 Kennst du die Tiere? Alle haben einen Doppelkonsonanten im Namen.

a Schreibe den Namen des Tieres unter das richtige Bild.

Tipp
Die Kürze eines Vokals kennzeichnet man mit einem Punkt, die Länge mit einem Strich unter dem Vokal.

b Kennzeichne den kurzen betonten Vokal mit einem Punkt und markiere den Doppelkonsonanten farbig.

c Ergänze folgende Wortgruppen. Kennzeichne bei den Verben den kurzen betonten Vokal und markiere die Doppelkonsonanten farbig.

1 an Land ro____en
2 auf die Beute sta____en
3 sich an einen Stamm kla____ern
4 im Meer schwi____en
5 mehrmals am Tag fre____en
6 den Nachwuchs fü____ern

2a Nutze folgende Hilfen. Ergänze die Namen und ordne richtig zu.
der Hu??er / die Qua??e / der A??e / die Nachtiga?? / der Bu??ard / das Fre??chen

Wörter mit *s*, *ss*, *ß* im Wortstamm

In Wörtern mit **langem Stammvokal** oder **Diphthong** (Zwielaut) schreibt man ***s***, wenn der *s*-Laut **stimmhaft (summend)** gesprochen wird, z. B.: *losen*.
In Wörtern mit langem Stammvokal oder Diphthong schreibt man ***ß***, wenn der *s*-Laut **stimmlos (zischend)** gesprochen wird, z. B.: *gießen, die Maße*.
Nach **kurzem Stammvokal** wird ***ss*** geschrieben, z. B.: *der Kuss, essen*.
Einsilbige Wörter muss man **verlängern (Verlängerungsprobe)**, damit der *s*-Laut eindeutig hörbar ist, z. B.: *das Hau■ – die Häuser, der Klo■ – die Klöße*.
Die Schreibung des *s*-Lauts bleibt auch in verwandten Wörtern mit kurzem bzw. langem betontem Vokal erhalten, deshalb hilft auch die Verwandtschaftsprobe, z. B.: *der Fels → felsig, gießen → ihr gießt*.

1 Hier gibt es Silbensalat.

a Setze die Silben zu Wörtern mit s, ss und ß zusammen und ordne sie in die Tabelle ein. Ergänze anschließend zwei eigene Beispiele.

Diese Wörter will ich mir merken:

s	ss	ß
Bluse	*Tasse*	*Straße*

b Lies die Wörter deutlich und unterstreiche das stimmhafte (summende) und das stimmlose (zischend) *s*.

c Bilde mit zwei Beispielen aus jeder Spalte lustige Sätze. Schreibe in dein Heft.

2 Bilde Wortfamilien. Notiere finite Verbformen und Ableitungen von folgenden Verben. Schreibe in dein Heft.

1 schließen / **2** heißen / **3** fressen / **4** fließen / **5** wissen / **6** lesen

1 schließen, er schloss, das Schloss …

Ob man ***das*** oder ***dass*** schreiben muss, hängt davon ab, welcher Wortart es zuzuordnen ist:
- **bestimmter Artikel:** *Das Shirt ist mein Lieblingsshirt.*
- **Relativpronomen:** *Das Shirt, das dort liegt, ist mein Lieblingsshirt.*
- **Konjunktion:** *Du weißt, dass du das Shirt mal wieder waschen musst.*

Zur Unterscheidung von *das* und *dass* nutzt man die **Ersatzprobe:**
- Kann man *da*■ durch *dieses* ersetzen, handelt es sich um den Artikel *das*.
- Kann *da*■ durch *welches* ersetzt werden, ist es das Relativpronomen *das*.
- Ergibt der Satz bei diesen Proben keinen Sinn, so handelt es sich um die Konjunktion *dass*.

3 Setze *das* oder *dass* richtig ein. Kennzeichne in Klammern, ob es sich um einen Artikel (A), ein Relativpronomen (R) oder um eine Konjunktion (K) handelt.

1 Ich freue mich sehr, ________ (____) meine Oma wieder gesund ist.

2 ________ (____) Eichhörnchen nimmt sein Futter zwischen die Vorderpfoten und frisst es.

3 ________ (____) Fahrrad, ________ (____) ich gestern zur Reparatur brachte, kann ich heute schon wieder abholen.

4 ________ (____) du dir den Fuß gebrochen hast, ist ganz schrecklich.

5 ________ (____) Wohngebäude, ________ (____) bei uns in der Straße steht, ist völlig ausgebrannt. Die Feuerwehr meint, ________ (____) es ein Unfall war.

6 Ich finde, ________ (____) diese Aufgabe gar nicht so schwer war.

Tipp
In Verbindung mit den Verben *hoffen, sehnen, meinen, glauben, sich freuen, wissen, wünschen* steht häufig die Konjunktion *dass*.

4 Vervollständige die Fragen zur Schülerumfrage über das Schulleben.

1 Möchtest du, ____?

2 Findest du, ____?

3 Glaubst du, ____?

4 Meinst du, ____?

5 Wünschst du dir, ____?

5 Wähle einige deiner Fragen aus Aufgabe 4 aus und beantworte sie. Bilde Sätze mit der Konjunktion *dass*.

Gleich und ähnlich klingende Vokale

Zwischen *e* und *ä* bzw. *eu* und *äu* hört man beim Sprechen kaum einen Unterschied. Um **gleich oder ähnlich klingende Vokale** richtig schreiben zu können, muss man deshalb den Wortstamm kennen. Dabei hilft die **Verwandtschaftsprobe:** Man prüft, ob es ein stammverwandtes Wort mit *a* oder *äu* gibt, z. B.: *kr■ftig – die Kraft – kräftig,*
der B■rg – (kein verwandtes Wort mit *a*) – *der Berg*,
der R■ber – rauben – der Räuber,
die L■te – (kein verwandtes Wort mit a) – *die Leute*.

1 Was gab es im Mittelalter?

Tipp
Du kannst 10 Wörter finden.

a In dem Buchstabenkasten sind waagerecht und senkrecht Wörter mit *ä* und *äu* versteckt. Markiere die Wörter farbig.

B	Ä	U	E	R	I	N	R	M	C
U	L	D	L	I	L	S	Ä	U	P
R	K	I	W	G	T	T	U	L	M
G	R	O	A	R	Ä	I	B	D	I
F	E	T	M	Ä	G	D	E	Ö	N
R	F	S	Ä	F	L	R	R	T	T
Ä	F	P	R	I	I	T	A	D	S
U	N	I	K	N	C	V	U	I	T
L	M	A	T	E	H	E	R	S	Ä
E	I	G	E	M	Ä	U	E	R	N
I	H	S	J	U	D	H	T	A	D
N	A	K	T	S	T	Ä	D	T	E

b Wähle zwei Wörter mit *ä* und zwei Wörter mit *äu* aus der Wortliste aus und ergänze stammverwandte Wörter.

Wortliste
sie fährt / jährlich / das Gemäuer / säubern / verdächtigen / die Fäulnis / faulen / sauber / das Jahr / die Mauer / der Verdacht / fahren

c Schreibe mit den Wörtern aus Aufgabe a eine kleine Geschichte zum Thema „Mittelalter" in dein Heft.

2 Welche Wörter sind verwandt? Ordne die Wörter aus der Wortliste einander zu. Schreibe in dein Heft.

sie fährt – fahren

Diese Wörter will ich mir merken:

______
______
______
______
______
______

3 *e* oder *ä*?

a Fülle die Lückenwörter.

1 das M___rchen	**5** das L___ben	**9** s___hr	**13** f___hig
2 w___hrend	**6** t___glich	**10** die G___ste	**14** vorr___tig
3 verm___hren	**7** das G___wehr	**11** verz___hren	**15** ___lter
4 die L___hmung	**8** ungef___hr	**12** das Geh______ge	**16** die G___ste

b Bilde mit sechs Wörtern, deren Schreibung dir schwerfällt, sinnvolle Wortgruppen.

______
______
______

4 *eu* oder *äu*?

a Was mag Torin gern? Entscheide dich für die richtige Schreibweise.

1 Torin mag Badesalz, das so richtig sch____mt. Deshalb str____t er sehr viel davon ins Wasser.

2 Torin mag es, wenn er sein Zimmer ausr____men kann. Er fr____t sich dann darüber, dass es so aufger____mt aussieht.

3 Torin mag es, die gr____lichen Wolken am Himmel unter den B____men im Garten sitzend zu beobachten. H____te ist der Himmel aber eher bl____lich.

●●● **b** Was magst du oder was magst du nicht? Bilde eigene Sätze mit *äu* oder *eu*.

5 *ei* oder *ai*?

Tipp
Wenn du unsicher bist, schlage in einem Wörterbuch nach.

a Ergänze die Lückenwörter.

K____ser	W____senkind	Str____cher	Buchs____te	Froschl____ch
Gitarrens____te	L____e	Gew____h	L____chnam	Brotl____b
M____n	L____ter	H____	T____fun	R____s

●●● **b** Schreibe in die letzte Reihe eigene Beispiele.

4b Du kannst z. B. folgende Wörter nutzen.
Träume / Käufe / erfreuen / betreuen / Werkzeuge / Gebäude / Mäuse

Stillbeschäftigung Do
Aufteilung

Worttrennung

Für die **Worttrennung** gelten folgende **Regeln**:
1. Bei mehrsilbigen einfachen Wörtern erfolgt die Trennung nach Sprech- oder Schreibsilben, z. B.: *die Ba-na-ne, die Kin-der, das Wet-ter*.
2. Einzelne Vokale am Wortanfang oder am Wortende werden nicht abgetrennt, z. B.: *Ofen, Schreie*.
3. *ch, ck, sch, ph, th* werden nicht getrennt, z. B.: *ma-chen, der Bä-cker, wi-schen, die Stro-phe, die Zi-ther*.
4. Zusammengesetzte Wörter und Wörter mit Präfixen (Vorsilben) werden zwischen den einzelnen Wortbausteinen getrennt, z. B.: *der Hand-ball, das Hand-ball-spiel, der Vor-trag, ver-suchen, be-raten*.

1 Trenne jedes Wort mit einem Trennungsstrich in so viele Silben wie möglich.

1 Regenwetter Re-gen- ____________________

2 Buchladen ____________________

3 Handballtorwart ____________________

4 Windhundrennen ____________________

5 Sternenhimmel ____________________

2 Trenne die folgenden Wörter nach Wortbausteinen.

1 Technikmuseum ____________________

2 Milchstraße ____________________

3 Obstsalat ____________________

4 Hühnerauge ____________________

5 Schneeballschlacht ____________________

3 Die folgenden Wörter sind nicht richtig getrennt.
Berichtige die Fehler und schreibe sie mit der richtigen Trennung in dein Heft.
Ergänze die entsprechende Trennungsregel aus dem Merkkasten.

Achtung, Fehler!

1 Krok-o-dil	6 Sa-xop-hon	11 Soc-ken
2 I-gel	7 kauf-en	12 Wint-er
3 vertausch-en	8 Brüh-e	13 o-val
4 Bäc-ker-brot	9 Fu-ßball	14 Ke-ller
5 sprec-hen	10 E-sel	15 versuc-hen

Groß- und Kleinschreibung

Nomen/Substantive

1 Du weißt bereits, dass Nomen/Substantive im Deutschen großgeschrieben werden.

a Lies das folgende Gruselrätsel. Weißt du die Lösungswörter?

Achtung, Fehler!

gruselrätsel

wer fragt mit spitzen zähnen: bist du da?
so fragt nur der graf
Dracula

wessen ledrige hand hat die besten reflexe?
natürlich die hand der bösen
Hexe

wer schwebt des nachts vor deinem fenster?
dort schweben kichernd die
Gespenster

wer humpelt umher mit nem kranken bein?
es ist der doktor
Frankenstein

wer klopft da? denkt ein holder greis
oh nein! da klopft ein
Poltergeist

wer schleicht gemein samt sense an?
ich glaub das ist der
Sensemann

Tipp
Überlege, welche Probe du hier anwenden kannst.

b Unterstreiche alle Nomen farbig und kreise ihre Begleitwörter ein.

c Schreibe das Gruselrätsel in der richtigen Groß- und Kleinschreibung in dein Heft. Achte auf die Satzanfänge und auf eine flüssig geschriebene und gut lesbare Handschrift.

●●● **d** Ergänze ein eigenes Gruselrätsel.

____

____

____

____

Nominalisierte/substantivierte Verben und Adjektive

Im Deutschen können **Verben** und **Adjektive** zu Nomen/Substantiven werden. Sie werden dann **nominalisierte/substantivierte Verben** bzw. **Adjektive** genannt und großgeschrieben. Wie Nomen werden sie dekliniert und können **Begleitwörter** bei sich haben, z. B.: Artikel (*der, die, das; ein, eine, ...*), Pronomen (*mein, dein, ...; dieser, ...*), Präpositionen (+ Artikel) (*auf, in dem, ...*), unbestimmte Zahlwörter (*alles, viel, etwas*).
Die **Erweiterungsprobe** hilft, nominalisierte Verben und Adjektive zu erkennen, denn sie stehen immer am Ende einer sogenannten **nominalen Wortgruppe**,
z. B.: *beim Gehen* — *etwas Gutes*
beim langsamen Gehen — *etwas sehr Gutes.*

1 Übe nominalisierte/substantivierte Verben.

a Ergänze jeweils den zweiten Satz. Wandle dazu die unterstrichenen Verben in nominalisierte Verben um.

1 Man darf diese Eisfläche nur auf eigene Gefahr betreten.

Das Betreten der Eisfläche ist nur auf eigene Gefahr möglich.

2 Man darf den Aussichtssturm nicht ohne Begleitung verlassen.

__________________ des Aussichtsturmes ist ohne Begleitung nicht gestattet.

3 Groß- und Kleinschreibung muss man regelmäßig üben.

__________________ der Groß- und Kleinschreibung ist wichtig.

4 Man sollte nicht zu viel Fleisch essen.

__________________ von zu viel Fleisch ist nicht gesund.

5 Wenn du weiter tanzt, wird deine Körperhaltung immer besser.

__________________ verbessert deine Körperhaltung.

6 Man sollte Handyfotos auf dem Computer speichern.

__________________ von Handyfotos auf dem Computer ist sinnvoll.

b Unterstreiche in jedem Satz das Begleitwort des nominalisierten Verbs.

Wortliste
laufen / reden / arbeiten / lesen

2 Verwende die Verben aus der Wortliste als Nomen. Nutze das folgende Muster. Schreibe in dein Heft.

Artikel: *das Gehen*

Artikel + Adjektiv: *das schnelle Gehen*

Präposition + Pronomen: *durch ihr Gehen*

Präposition + Pronomen + Adjektiv: *durch ihr schnelles Gehen*

Wortliste
kochen / lernen / malen / schmücken

3 Bilde je einen Satz mit dem Verb aus der Wortliste und einen mit dem nominalisierten Verb.

Ich koche gerne. Das Kochen von Nudelgerichten ...

4 Groß- oder Kleinschreibung?

a Lies die Redewendungen und Sprichwörter.

1 Das (s)chlägt dem Fass dem Boden aus.

2 Es ist ein (g)eben und (n)ehmen.

3 Das ist (g)ehüpft wie (g)esprungen.

4 Der Ochs hält mehr vom (k)auen als vom (d)enken.

5 Ich glaube, er hat etwas (a)usgefressen.

5 Auf dem Bahnhof herrscht ein ständiges (k)ommen und (g)ehen.

6 Dein (s)chweigen war Gold wert.

7 Beim (e)essen kommt der Appetit.

8 Wer zuletzt (l)acht, (l)acht am besten.

b Entscheide, ob die Verben groß- oder kleingeschrieben werden. Suche dazu nach Begleitwörtern und markiere sie.

c Schreibe die nominalisierten Verben mit ihren Begleitwörtern heraus.

ein Geben und Nehmen ...

5 Übe nominalisierte/substantivierte Adjektive.

a Lies den Text. Unterstreiche alle nominalisierten Adjektive und markiere ihre Begleiter.

Tipp
Insgesamt findest du 10 nominalisierte Adjektive im Text.

Das Verheerendste am Anfang des Jahres 2020 waren die Waldbrände in Australien. Auch die Tierwelt war extrem betroffen. Es gab unzählige Verletzte, z. B. Kängurus, die Vogelwelt und viele kleine Koalas. Leider haben es über eine Milliarde Tiere nicht geschafft. Das war das Schrecklichste und die Stille in den Wäldern fühlte sich furchtbar an. Manche Koalas hatten großes Glück. Sie sind nicht vor den Flammen geflohen, sondern rollten sich auf Bäumen ein. Das ist etwas Unglaubliches. So konnten viele Koalas ihr Leben retten und trugen deshalb nur einige Verbrennungen davon. Die Tierärzte taten ihr Bestes. Nicht alle Tiere konnten gerettet werden, aber das Schöne an der Rettungsaktion bleibt in Erinnerung. Manches Traurige konnte eben nicht verhindert werden. Zum Besten zählt aber, dass es viele freiwillige Helfer gab. Dieser Job ist nichts für Ängstliche. Das tragische Ereignis in Australien zeigt, das Leben ist unser Wertvollstes.

b Ordne deine markierten Beispiele nach den Begleitwörtern zu.

Artikel: *das Verheerendste* ______

______

Pronomen: ______

______

unbestimmtes Zahlwort: ______

______

Präposition (+ Artikel): ______

______

c Ergänze in Aufgabe b je ein weiteres Beispiel.
Schreibe nominalisierte Adjektive mit Begleitwörtern auf.

d Wähle einige der nominalisierten Adjektive aus dem Text von Aufgabe a aus und verwende sie in eigenen Sätzen. Schreibe in dein Heft.

6 Bilde nominalisierte Adjektive.

a Bilde nominalisierte Adjektive mithilfe folgender unbestimmter Zahlwörter.

unbestimmte Zahlwörter: alles, etwas, viel, nichts, wenig
Adjektive: geheimnisvoll, spannend, schön, gut, besser, neu, lecker, wichtig

alles Gute ______________________________

____

____

____

____

Wortliste
sensationell / sehr / außergewöhnlich / wirklich / unheimlich / extrem / besonders / wunderbar

b Erweitere deine Wortgruppen aus Aufgabe a mithilfe der Wortliste.

alles wirklich Gute ______________________________

____

____

____

____

7 Entscheide, ob die folgenden Adjektive groß- oder kleingeschrieben werden. Trage den richtigen Anfangsbuchstaben ein.

1 Unser Projekttag war richtig (g, G) ____ut.

Meine Eltern wünschten mir vorher alles (g, G) ____ute.

2 Meine Schwester sagt mir immer etwas (a, A) ____ufmunterndes.

Mein Opa spricht mir in jeder Situation (a, A) ____ufmunternd zu.

3 Als ich schlafen wollte, war ich immer noch (a, A) ____ufgeregt.

Beim Fußballspiel habe ich wenig (a, A) ____ufregendes gesehen.

4 In unserem Urlaub haben wir (t, T) ____olles erlebt.

Unser Streit gestern war nicht so (t, T) ____oll.

5 Wenn du mich im Unterricht immer ansprichst, ist das (s, S) ____törend.

Manch (s, S) ____törendes hat er wirklich beseitigt.

Fremdwörter

Fremdwörter enthalten häufig typische Wortbauteile, wie die **Suffixe** (Nachsilben) *-ieren, -ie, -ik, -iv, -(t)ion und -ität,* z. B.: *reparieren, die Energie, die Musik, positiv, die Aktion, die Aktivität.*

1 Ohne Fremdwörter kommen wir in unserer Sprache nicht aus.

a Lies den folgenden Text und unterstreiche alle Fremdwörter.

Tipp
Im Text sind 12 Fremdwörter enthalten.

Ein schrecklicher Unfall

Fußball trainieren wir bei Wind und Wetter draußen im Stadion. Auch dieses Mal ging es hart zur Sache. Ich konnte den Ball auf einmal nicht mehr kontrollieren, stolperte und stürzte unglücklich. Mein Fuß tat höllisch weh. Mein Trainer telefonierte sofort mit dem Krankenhaus und sagte, dass es sich um einen akuten Notfall handelt. Auf der Notfallstation untersuchte mich gleich ein Fachmann und erklärte mir die Situation. Ich musste sofort operiert werden. Zum Glück lief alles ohne Komplikationen. Aber es gab keine Garantie dafür, dass ich schon bald wieder aktiv trainieren kann.

b Ordne den folgenden Wörtern das richtige Fremdwort aus dem Text zu.

Sportstätte	Übungsleiter	Sachlage
______	______	______
Abteilung	eilig/dringlich	Schwierigkeit
______	______	______
Sicherheit	eifrig	führen
______	______	______

c Finde zu den Nomen/Substantiven die entsprechenden Verben aus dem Text. Unterstreiche das Suffix *-ieren*.

der Trainer ______

die Kontrolle ______

das Telefon ______

die Operation ______

2 Fremdwort gesucht!

a Schreibe zu den folgenden Wörtern das entsprechende Fremdwort auf.
Die Anfangsbuchstaben sind dir schon vorgegeben.

Tipp
Alle Fremdwörter enden auf dem Suffix *-iv*.

untätig = pa ____________________

zustimmend/bejahend = po ____________________

ideenreich = kr ____________________

eifrig/fleißig = a ____________________

wahrheitsgetreu/sachlich = ob ____________________

b Ergänze den Satz durch das richtige Lösungswort.

Die Fremdwörter mit dem Suffix *–iv* gehören zu der Wortart ____________.

Tipp
In jede Spalte gehören vier Fremdwörter.

3 Fremdwörter enden oft mit dem Suffix *-ie*.
Ordne folgende Fremdwörter den Oberbegriffen in der Tabelle zu.

Psychologie, Regie, Philharmonie, Satzmelodie, Therapie, Szenerie, Radiologie, Sinfonie, Dramaturgie, Monotonie, Chirurgie, Filmkategorie

Musik	Film	Medizin
Monotonie		

4 Einige Unterrichtsfächer enden mit dem Suffix *-ie* oder *-ik*.
Schreibe fünf Beispiele auf und markiere die Suffixe.

____

____

____

____

____

5 Nicht alle Fremdwörter haben eine typische Endung.

a Ordne den Wörtern das richtige Fremdwort zu.
Ziehe entsprechende Verbindungslinien.

Selbstgespräch	Effekt
Straftat	Individuum
Schriftsteller	Monolog
Einfuhr	Prognose
Wirkung	Delikt
Vorhersage	Autor
Einzelperson	Import

b Verwende vier Beispiele in sinnvollen Sätzen.

____

____

____

____

Tipp
Wenn du unsicher bist, schlage in einem Wörterbuch nach.

Achtung, Fehler!

c Nur eine Schreibweise ist richtig. Kreise das richtige Wort ein.

1	Apell	Appel	Appell
2	Niveau	Nivou	Niwou
3	Chirorg	Chirurg	Chirurk
4	Medaile	Medalle	Medaille
5	kompliziert	komplizierd	komplizirt
6	Terrarrium	Terrarum	Terrarium

●●● **d** Finde Fremdwörter rund um das Thema „Internet/Handy“.

____

____

____

____

____

Mit dem folgenden Test kannst du herausfinden, was du schon sicher kannst und was du noch üben musst. Folgende Bereiche kannst du überprüfen:

A Verstehen von Texten (Aufgaben 1–2)	ca. 15 min.		21 P.
B Grammatik (Aufgaben 3–7)	ca. 20 min.		63 P.
C Rechtschreibung (Aufgaben 8–12)	ca. 20 min.		47 P.
D Schreiben von Texten (Aufgabe 13)	ca. 60 min.		P.
Insgesamt:	ca. 115 min.		**P.**

Den Bewertungsmaßstab für den Teil D müsst ihr in der Klasse festlegen. Bevor du mit der Bearbeitung der Aufgaben beginnst, lies die Aufgabenstellungen genau. Trage in die Kästchen deine erreichte Punktzahl ein.

Sobald es dämmert, beginnt die Zeit des Fuchses. Im Schutz der Dunkelheit schleicht er allein durch den Wald und sucht nach Futter. Dabei ist er nicht wählerisch. Ob Würmer, Spinnen, Früchte, Kleintiere oder auch Aas, er frisst alles. Katzenhaft läuft er durchs Unterholz und schleicht sich an seine Beute heran.

Auch seine Augen sind ähnlich der einer Katze. Das wenige Licht, das im Dunkeln in die Fuchsaugen trifft, wird dort durch eine reflektierende Schicht gespiegelt. So kann die Netzhaut im Auge mehr Bildinformationen erkennen. Allerdings sehen Füchse nicht so scharf und auch nicht in solch einer Farbenbandbreite wie wir Menschen.

Als einzige Hundeart kann der Fuchs seine Krallen zum Teil einziehen. Auch das hat er mit der Katze gemeinsam. Dank seiner Krallen kann er auf Bäume und Zäune klettern.

Mit Hunden gemeinsam hat der Fuchs einen sehr guten Geruchssinn. Seine Nase riecht 450-mal so gut wie die des Menschen. Damit kann er Kleintiere unter der Erde erschnüffeln und auch, ob ein Tier erkrankt ist. Diese besondere Mischung aus Eigenschaften von Hund und Katze macht ihn zu einem hervorragenden Jäger. Der Fuchs hat sich nie auf eine Lebensweise oder Nahrung spezialisiert. Stattdessen nimmt er seine Umgebung wahr, lernt daraus und reagiert flexibel darauf. In der sibirischen Tundra haben Füchse gelernt, Lemminge zu überlisten. In Nordafrika, wie sie dem Menschen Hühner klauen. In Städten plündern sie Mülltonnen. Dieses Verhalten ist ein Zeichen von Intelligenz.*

A Textverständnis

1 P.

1 Überfliege den Text und erfasse das Thema. Notiere über dem Text eine Überschrift, die auf das Thema des Textes hinweist.

2 Lies folgende Fragen.
Überlege, nach welchen Schlüsselwörtern du beim Überfliegen des Textes suchen könntest, um die Fragen zu beantworten.

8 P.

a Notiere mindestens zwei Schlüsselwörter zu folgenden Fragen.

1 Wovon ernährt sich ein Fuchs?

____

2 Warum kann der Fuchs im Dunkeln gut sehen?

____

3 Was ermöglicht der gute Geruchssinn des Fuchses?

____

4 Welche besonderen Eigenschaften machen den Fuchs zu einem hervorragenden Jäger?

____

4 P.

b Suche mithilfe deiner Schlüsselwörter die Textstellen, die dir bei der Beantwortung der Frage aus Aufgabe 2 a helfen. Markiere die Textstellen.

8 P.

c Beantworte nun die Frage in kurzen Sätzen.

____

____

____

____

____

____

____

____

____

____

B Grammatik

8 P.

3 In folgendem Text sind acht Nomen/Substantive enthalten. Unterstreiche sie und korrigiere ihre Schreibung, indem du den richtigen Anfangsbuchstaben darüberschreibst.

Achtung, Fehler!

Der rotfuchs ist weit verbreitet. Er findet sich vom eisigen alaska bis in die sandwüsten nordafrikas. Die tiere leben in wäldern und halbwüsten, aber man findet sie auch in gebirgen.

10 P.

4 Schreibe aus dem Text auf Seite 92 je zwei Beispiele für folgende Wortarten heraus:

Adjektive: ______________________________

Artikel: ______________________________

Personalpronomen: ______________________________

Präpositionen: ______________________________

Verben: ______________________________

5 Finde und bestimme die Adverbien in den folgenden Sätzen.

5 P.

a In jedem Satz sind zwei Adverbien enthalten. Unterstreiche sie. Für jedes richtige Adverb bekommst du einen halben Punkt.

1 Oft beobachtet man in Städten junge Füchse, die witzigerweise einen Schuhtick entwickeln. ☐ ☐

2 Dort stehlen sie meist einzelne Schuhe aus Gärten und von Terrassen. ☐ ☐

3 Besonders unschuldig wirken die niedlichen Fuchswelpen, die immer verspielt sind. ☐ ☐

4 Deswegen schnappen sich die kleinen Racker die Schuhe und kauen darauf herum. ☐ ☐

5 Irgendwann tauchen die fehlenden Exemplare an abgelegenen Orten überraschenderweise wieder auf. ☐ ☐

5 P.

b Bestimme die Adverbien. Für jede richtige Bestimmung bekommst du einen halben Punkt.
Trage in die Kästchen ein: Z = Adv. der Zeit, A = Adv. der Art und Weise, O = Adv. des Ortes, G = Adv. des Grundes.

6 In folgenden Sätzen fehlen noch die Objekte.

7 P. **a** Setze die Wortgruppen aus der Wortliste als Objekt in der richtigen Form ein.

Wortliste
viele Tiere /
gut geeignete Verstecke /
eine natürliche Vielfalt /
beste Gesundheit /
ansteckende Krankheiten /
der Mensch /
etwas Angst

1 Städte bieten ________________ (____________) ein reiches Nahrungsangebot.

2 ________________ (____________) gibt es in der Stadt auch.

3 Deshalb können sich Städte immer öfter ________________ (____________) rühmen.

4 Auch Füchse erfreuen sich in Städten ________________ (____________).

5 Sie können aber auch ________________ (____________) haben und übertragen.

6 Das macht ________________ (____________) natürlich ________________ (____________).

7 P. **b** Bestimme den Fall des Objektes und schreibe ihn in die Klammer.

7 Untersuche den Satzbau in den folgenden Sätzen.

9 P. **a** Unterstreiche in allen Sätzen die finiten Verbformen.

1 Der Angriff eines Fuchses ist extrem unwahrscheinlich weil er die Nähe des Menschen meidet. (________)

2 Eine Gefahr die vom Fuchs ausgeht ist der Fuchsbandwurm. (________)

3 Die Larven des Bandwurms bleiben zum Beispiel auf Beeren Pilzen Gemüse und Gräsern hängen. (________)

4 Es können Krankheiten davon ausgelöst werden denn der Fuchsbandwurm kann sich auf Menschen und Haustiere übertragen. (________)

5 Diese Fälle sind zwar selten aber etwas Vorsicht schadet nicht. (________)

7 P. **b** Setze die fehlenden Kommas.

5 P. **c** Schreibe in Klammern, ob es sich um einen einfachen Satz (S), eine Satzreihe (SR) oder ein Satzgefüge (SG) handelt.

C Rechtschreibung

6 P.

8 Ordne folgende Wörter mit kurzem Stammvokal in die richtige Tabellenspalte ein. Für jedes richtige Wort bekommst du einen halben Punkt.

dämmert / Katze / Kiste / Krallen / Wald / alles / Hund / erschnüffeln / plündern / bremst / Mülltonnen / klettern

zwei unterschiedliche Konsonanten	**zwei gleiche Konsonanten**

7 P.

9 Suche aus dem Text von Seite 91 Wörter mit einem langen Stammvokal heraus. Ordne jeder Gruppe zwei Beispiele zu, der letzten Gruppe eins.

mit *h*: ________________

mit *ie*: ________________

ohne Dehnungszeichen: ________________

mit Doppelvokal: ________________

6 P.

10 Suche jeweils zwei stammverwandte Wörter. Achte auf die Schreibweise des *s*-Lautes.

frisst: ________________

das Wissen: ________________

die Gräser: ________________

5 P.

11 Im Text auf der Seite 91 sind fünf Fremdwörter enthalten. Unterstreiche sie und ordne sie anschließend der passenden Umschreibung zu.

widerspiegelnd: ________________

auf besondere Schwerpunkte gerichtet: ________________

Klugheit, Verstand: ________________

anpassungsfähig: ________________

antwortet, passt sein Verhalten an: ________________

12 Die folgenden Buchstabenketten musst du entwirren.

16 P.

a Setze zunächst Trennstriche, um die Wörter voneinander abzugrenzen. Für jedes richtige Wort bekommst du einen halben Punkt.

Füchsegeltenalssehrschlauetiere.

Dukennstsicherdieredensart:

„schlauwieeinfuchssein".

Mansiehtdenfuchsauchimmerhäufigerinstädten.

Berlinistdiedeutschehauptstadtderfüchse.

7 P.

b Schreibe die Sätze anschließend in der richtigen Groß- und Kleinschreibung auf.

D Texte schreiben

P.

13 Du hast in den verschiedenen Texten viel über den Fuchs erfahren. Stell dir vor, du spielst mit deinen Freunden im Wald und ihr entdeckt einen Fuchs. Er verhält sich ganz zahm. Warum? Ist er vielleicht krank? Denke dir dazu eine Abenteuergeschichte aus. Gehe dabei so vor:

- Überlege zuerst, für wen und warum du eine Abenteuergeschichte erfinden könntest.
- Sammle Ideen für deine Geschichte und entwirf in deinem Heft einen Erzählplan.
- Schreibe einen Textentwurf in dein Heft. Denke dabei auch an eine passende Überschrift.
- Überarbeite deinen Entwurf.
- Schreibe deine Endfassung in dein Heft.

Muttersprache plus
6 Arbeitsheft

Lösungen

Seite 4

1 **b** Reihenfolge und Anordnung: Absender- und Empfängeradresse falsch angeordnet; Datum rechts anordnen; Betreffzeile fehlt; Anrede angemessen formulieren und mit Komma abschließen; Anliegen mehrmals genannt (Bitte um neue Tore), jedoch nicht gleich zu Anfang; nicht sachlich und formell genug formuliert; insgesamt zu ausführlich; teilweise keine „Sie"-Form, Grußformel am Ende zu familiär

Seite 5

2 **a** Leon Schmitt
Klassensprecher 6b
Gartenweg 17
09876 Sommerburg

Elternverein der Stadtparkschule
Parkstraße 2
09876 Sommerburg

b Neue Fußballtore für unseren Schulhof

c *Einleitung:* (Grund: Fußball beliebtes Spiel in der Hofpause, Tore beschädigt und gesperrt): *„In der Pause…"* bis *„Benutzen verboten"*
Hauptteil: (Anliegen und dessen Begründung): Von *„Können Sie uns neue Tore kaufen?"* bis *„Wir wären so glücklich!"*
Schluss: (Bitte um Rückmeldung): *„Bitte antwortet schnell."*

d und e Hallo Elternverein!
In der Pause spielen wir ~~wahnsinnig~~ gerne Fußball auf dem Wiesenstück vor der Turnhalle. ~~Das dürfen wir auch, obwohl unser Getrampel den Rasen ganz schön kaputt macht. Vor ewigen Zeiten~~ hat jemand der Schule deswegen Tore geschenkt. ~~Waren Sie das?~~ Jedenfalls sind die Tore jetzt total kaputt. Netze gibt es ~~schon seit ein paar Jahren~~ nicht mehr. Bei dem einen Tor ist ~~jetzt~~ die Latte durchgebrochen, bei dem anderen ist der linke Pfosten ~~total~~ schief. Deshalb dürfen wir seit letzter Woche die Tore nicht mehr benutzen. ~~Frau Werke, das ist unsere Hausmeisterin, die hat ein rotweißes Band um beide Tore gemacht und ein Schild drangehängt: Benutzen verboten.~~ Können Sie uns neue Tore kaufen? ~~Unser Schulleiter Herr Brehme hat gesagt, dass~~ die Schule für neue Tore kein Geld bekommt, weil das Schulamt sagt, die Tore auf dem Sportplatz müssen reichen. Aber da dürfen wir in der Pause ~~ja~~ nicht drauf, weil er auf der anderen Straßenseite ist!
Bitte kaufen Sie uns neue Tore! Wir wären so glücklich!
Bitte antwortet schnell.
Euer Leon Schmitt

3 **a bis c** Mögliche Lösung:
Liebe Eltern des Elternvereins,

in der Pause spielen wir gerne Fußball auf dem Wiesenstück vor der Turnhalle.
Aus diesem Grund hat jemand der Schule Tore geschenkt. Leider sind die Tore jetzt total kaputt und Netze gibt es ebenfalls nicht mehr. Bei einem Tor ist die Latte durchgebrochen, bei dem

anderen ist der linke Pfosten schief. Deshalb dürfen wir seit letzter Woche die Tore nicht mehr benutzen. Wäre es möglich, dass Sie als Elternverein den Kauf neuer Tore unterstützen?
Die Schule erhält für neue Tore leider kein Geld, weil das Schulamt sagt, dass die Tore auf dem Sportplatz ausreichend sind. Diesen dürfen wir aber in den Pausen nicht nutzen, weil er sich auf der anderen Straßenseite befindet.
Wir wären deshalb sehr glücklich, wenn Sie uns neue Tore kaufen könnten.
Über eine schnelle Antwort würden wir uns sehr freuen.

Mit freundlichen Grüßen
Leon Schmitt, Klassensprecher der 6b

Seite 7

1 **b und c**

1 **Spielanleitung für Mau-Mau**
2 • für 3-5 Spieler ...
3 Ein Kartengeber mischt und verteilt ...
4 Der Stapel mit den Restkarten wird verdeckt ...
5 Der Spieler links neben dem Kartengeber beginnt ...
6 Hat ein Spieler keine passende Karte zum Ablegen, ...
7 Aktionskarten: ...
8 Legt ein Spieler seine vorletzte Karte ab, muss er ...

Seite 8

2 **b** Lösungsvorschlag für Stichpunkte:

1 Pflanze, größeren Pflanztopf, Übertopf, Blumenerde, Zeitungsunterlage, Handschaufel, Gießkanne, Handschuhe bereitlegen
2 Handschuhe anziehen, Zeitung ausbreiten, Blumenerde in unteren Teil des Pflanztopfes einfüllen
3 Pflanze mit Wurzelballen vorsichtig aus Topf ziehen
4 in großen Pflanztopf stellen und mit Blumenerde auffüllen
5 Blumenerde rundherum leicht andrücken
6 Pflanztopf in Übertopf stellen und gießen

c Mögliche Lösung:
Einen Gummibaum umtopfen
Zuerst legst du alle Materialien bereit: die Pflanze, einen größeren Pflanztopf, den Übertopf, die Blumenerde, eine Zeitungsunterlage, die Handschaufel, die Gießkanne und Handschuhe. Dann ziehst du die Handschuhe an und breitest die Zeitung auf dem Boden aus. Nun kannst du in den unteren Teil des Pflanzentopfes etwas Blumenerde einfüllen. Jetzt ziehst du die Pflanze mit dem Wurzelballen vorsichtig aus dem alten Topf und stellst sie in den großen Pflanztopf. Anschließend füllst du diesen mit Blumenerde auf und drückst die Blumenerde rundherum leicht an. Schließlich stellst du den Pflanztopf in den Übertopf und gießt die Pflanze.

Seite 9

1 **b und c** Gestrichene Aussagen sind nicht hilfreich, weil sie keine sachlichen, beschreibenden Angaben über Selma sind.
„Selma ist ~~genauso groß wie ich, also~~ 1 Meter 40!"
~~„Typisch, dass sie einfach abgehauen ist, immer ist sie sofort beleidigt!"~~

„Sie hat ganz kurze, glatte, schwarze Haare~~, hat sie letzte Woche abgeschnitten!“~~
~~„Ja, das steht ihr gut,~~ sie hat ein rundes Gesicht mit hoher Stirn und spitzem Kinn.
Und große, braune Augen.“
~~„Hier, das ist ihre Jacke, wir haben heute Morgen getauscht!“~~
„Sie trägt dunkelgrüne Leggins, rote Shorts und ihre Turnschuhe sind auch rot.“
~~„Sie ist eine Heulsuse, bestimmt sitzt sie irgendwo rum und heult rum.“~~
„Ihr Rucksack ist auch grün, ~~das ist ihre Lieblingsfarbe.~~ Aber sie trägt meine Jeansjacke, die ist blau. Eigentlich ist ihr die viel zu weit.“
„Ja, Selma ~~ist voll spargelig – äh,~~ ganz schön dünn, ~~wollte ich sagen.~~“
„Sie kann total schnell rennen und ist die beste in Mathe!“
„Wir durften ja kein Handy mitnehmen! Sonst könnten wir sie anrufen!“
„Ihr T-Shirt ist weiß und da steht ‚Besser IQ als nur Kuh‘ drauf.“
„Gestern haben wir alle silbernen Glitzernagellack auf die Fingernägel gemacht.“

Seite 10

1 **d und e** *Größe:* 1,40 m – *Gestalt:* sehr schlank – *Einzelheiten*: kurzes, glattes, schwarzes Haar, rundes Gesicht, hohe Stirn, spitzes Kinn, braune Augen – Kleidung: zu weite blaue Jeansjacke, weißes T-Shirt mit Aufdruck „Besser IQ als nur Kuh“, dunkelgrüne Leggins, rote Shorts und Turnschuhe, grüner Rucksack – *besonderes Merkmal:* silberner Glitzernagellack

2 **a** Lösungsvorschlag für Steckbrief:
Alter: 11 bis 12 Jahre – *Größe:* ca. 150 cm – *Gestalt:* schlank – *Einzelheiten:* helle Haut, kurzes, glattes, hochstehendes, hellbraunes Haar, schmales Gesicht, hohe Stirn, breite Nase, eckiges Kinn, dunkle Augenbrauen, breites Lächeln – *Kleidung:* grauschwarzer Neoprenanzug, Schultern und Ärmel hellgrau, Rest schwarz, auf linker Schulter Aufdruck und Loch im grauen Stoff – *Weitere Merkmale:* ca. 1 m langes Boogieboard mit grauer Oberseite, schwarzweißer, fünfzackiger Stern und Schriftzug „Indoblu“ auf oberem Drittel, links unten Aufdruck „Shaka37“, rechts unten Aufdruck „Hang Loose“ (Faust, Daumen und kleiner Finger abgespreizt);
Board mit Fangleine an rechtem Handgelenk befestigt

b und c Mögliche Lösung:
Der Junge links ist ca. 11 bis 12 Jahre alt. Er trägt einen langen, grau-schwarzen Neoprenanzug, der an den Schultern und Ärmeln hellgrau abgesetzt ist. Auf der linken Schulter befindet sich ein Aufdruck und ein Loch ist im grauen Stoff zu erkennen. Der Junge ist schlank und hat helle Haut. Sein Haar ist kurz, glatt und hochstehend, da es vom Wind zerzaust ist. Er hat ein schmales Gesicht mit hoher Stirn, einer breiten Nase und einem eckigen Kinn. Die Augenbrauen sind dunkel. Auf dem Foto lächelt er freundlich in die Kamera. Er stützt sich auf ein ein Meter langes Boogieboard mit grauer Oberseite und einem schwarz-weißen, fünfzackigen Stern sowie dem Schriftzug „Indoblu“ auf dem oberen Drittel des Boards. Unten auf dem Board ist links der Aufdruck „Shaka37“ zu erkennen, rechts unten befindet sich ein Aufkleber mit dem Handzeichen „Hang Loose“, einem Surfergruß. Das Board ist mit einer Fangleine am rechten Handgelenk befestigt.

3 Mögliche Lösung:
Der Junge rechts ist größer als der Junge links. Sein Neoprenanzug ist ebenfalls grau-schwarz und an den Schultern und Ärmeln hellgrau abgesetzt. Auf der Brust ist ein Schriftzug zu erkennen. Er hat ein länglicheres Gesicht und ein leichter Bartflaum ist zu erkennen.
Auch seine Augenbrauen sind dunkel. Sein Haar ist ebenfalls kurz, aber etwas lockiger als das Haar des linken Jungen. Er hält ein weißes Boogieboard in der Hand, das an der Seite blau abgesetzt ist. Dieses Board hat aber keine Aufkleber. Auf dem Foto lächelt auch er in die Kamera und zeigt „Daumen hoch“ mit seiner linken Hand. Sein Board ist ebenfalls mit einer Fangleine am rechten Handgelenk befestigt.

Seite 11

1 **b** *Name:* Balkonerdbeere – Herkunft: Deutschland – *Art:* Sammelnussfrucht – *Familie:* Rosengewächse – *Größe:* 20-30 cm – *Blätter:* dunkelgrün, rund, gezahnter Rand – *Blüten:* runde, meist weiße Blätter (manche Sorten dunkelrosa) – *Früchte:* rot, süß, essbar – *Erntezeit:* Mai bis Frost – *sonstige Merkmale:* winterhart, Standort sonnig bis halbschattig, eigentliche Früchte sind kleine gelbe Nüsschen außen am Fruchtfleisch

Seite 12

2 **a** *Größe:* 20 bis 30 cm – *Blüten:* kleine, gelborange Glöckchen, geöffnet sternförmig mit sechs Blättern – *Früchte:* kugelig mit 2 bis 4 cm Durchmesser, unreif hellgrün, im reifen Zustand leuchtend rot

b *Herkunft:* Mittel- und Südamerika – *Art:* Tomate – *Familie:* Nachtschattengewächse – *Blüte- und Erntezeit:* Blütezeit ab Mai, Ernte Juli bis Oktober – *weitere Merkmale:* Standort sonnig, regelmäßig gießen und düngen

c Mögliche Lösung:
Die Balkontomate ist wie alle Tomatensorten ein Nachtschattengewächs. Sie ist ca. 20 bis 30 cm groß. Ihre Blüten sind klein und gelborange und haben die Form von Glöckchen. Wenn sie geöffnet sind, stehen ihre sechs Blätter sternenförmig ab. Die Früchte der Balkontomate sind kugelig mit einem Durchmesser von 2 bis 4 cm. Im unreifen Zustand sind die Tomaten hellgrün, im reifen Zustand leuchtend rot.
Die Pflanze stammt aus Mittel- und Südamerika. Ihre Blütezeit ist ab Mai, die Erntezeit von Juli bis Oktober. Die Balkontomate benötigt einen sonnigen Standort. Man sollte sie regelmäßig gießen und düngen.

Seite 13

1 **a** *Wer hat den Bericht verfasst?* Sophia Krone
Was ist der Zweck dieses Berichts? Sophia möchte den Ausflug zur Kulturinsel Einsiedel anderen Schülerinnen und Schülern ihrer Schule weiterempfehlen. Ihr Bericht ist für die Schulhomepage.
Für wen wurde der Bericht verfasst? für die Schülerinnen und Schüler ihrer Schule / für die Schulhomepage

b Mögliche Lösung:
Wann war der Ausflug? am 20.09.2019
Wohin ging der Ausflug? zur Kulturinsel Einsiedel bei Görlitz
Was hat die Klasse erlebt? Abenteuerspielplatz erkundet: klettern, kriechen, toben; Tiere entdeckt, z. B. Streichelgehege, Vierhornziege, Hühner; Übernachtungsmöglichkeiten gesehen, z. B. Baumhäuser
Wer hat den Ausflug unternommen? Klasse 6a mit Klassenleiter und Schulassistentin
Wie verlief der Ausflug? Fahrt nach Einsiedel; Einweisung durch Mitarbeiter der Kulturinsel; Erkundung der Anlage

Seite 14

2 **a** Am 20. September 2019 unternahm unsere Klasse 6a gemeinsam mit unserem Klassenlehrer Herrn Richter und unserer Schulassistentin Frau Peters einen Ausflug zur Kulturinsel Einsiedel bei Görlitz. Nachdem wir nach einstündiger Fahrt endlich angekommen waren, gingen wir

nach einer kurzen Einweisung durch einen Mitarbeiter auf Entdeckungstour. Wir kletterten auf Türme, überquerten Brücken und krochen durch Röhren und Tunnel. Weil Morris und mir so heiß war, haben wir uns am Wasserspielplatz erfrischt. Wir haben noch viele andere Möglichkeiten zum Spielen und Toben erkundet. Man kann auf dem Abenteuergelände auch übernachten. Dazu wurden Baumhäuser und andere interessante Übernachtungsmöglichkeiten errichtet. Wir entdeckten dort auch eine Reihe von Tieren, z. B. eine Vierhornziege auf einem Dach, ein Baumhaus für Hühner, ein Streichelgehege und vieles mehr.
Das war ein toller, erlebnisreicher Ausflug, den ich unbedingt weiterempfehlen möchte.

b Plusquamperfekt / Präsens / Perfekt

c Die Sätze im Perfekt könnten auch im Präteritum stehen.
Weil Morris und mir so heiß war, erfrischten wir uns am Wasserspielplatz.
Wir erkundeten noch viele andere Möglichkeiten zum Spielen und Toben.

3 **a** *persönliche Ausdrucksweise:* Wir kletterten auf Türme, überquerten Brücken, ... /
Wir entdeckten dort auch eine Reihe von Tieren, ... / ... haben wir uns ... erfrischt. /
Wir haben noch andere Möglichkeiten ... erkundet.
unpersönliche Ausdrucksweise: Man kann auf dem Abenteuergelände auch übernachten.
Dazu wurden Baumhäuser und andere Übernachtungsmöglichkeiten errichtet.

b Mögliche Lösung:
Wir kletterten auf Türme, überquerten Brücken und krochen durch Röhren und Tunnel.
→ Man kann auf Türme klettern, Brücken überqueren und durch Röhren und Tunnel kriechen.
Wir entdeckten dort auch eine Reihe von Tieren, z. B. eine Vierhornziege auf einem Dach, wein Baumhaus für Hühner, ein Streichelgehege und vieles mehr.
→ Man kann dort auch eine Reihe von Tieren, z. B. eine Vierhornziege auf einem Dach, ein Baumhaus für Hühner, ein Streichelgehege und vieles mehr entdecken.

4 **a** *Wer nahm an dem Klassenausflug teil?* Klasse 6 b / Klassenlehrer Herr Walter / Mutter von Sören Riedel
Wann fand der Ausflug statt? am 2. Oktober 20.. (von 10.30–14.00 Uhr)
Wo fand der Ausflug statt? / Wohin ging der Ausflug? ins Freilichtmuseum Diesdorf
Was hat die Klasse erlebt? / Was erlebte die Klasse? Rundgang → Besichtigung der Wohn- und Wirtschaftsgebäude (z. B. Bauernhäuser, Speicher, Bockwindmühle, Dorfschule) / Vorführung in der Dorfschmiede und in der Böttcherei / zum Abschluss auf den Naturspielplatz
Warum hat die Klasse den Ausflug unternommen? Erkundung der Lebensweise der Menschen in den vergangenen Jahrhunderten / Geschichtskenntnisse durch den Museumsbesuch vertieft

b Mögliche Lösung:
Leons Bericht für die Schulhomepage:
Unser Klassenausflug ins Freilichtmuseum Diesdorf
Am 2. Oktober 20.. führte unsere Klasse in der Zeit von 10.30 bis 14.00 Uhr einen Ausflug zum Freilichtmuseum Diesdorf durch. Unser Klassenlehrer Herr Walter und die Mutter von Sören Riedel begleiteten uns. Im Freilichtmuseum besichtigten wir bei einem Rundgang mehrere Wohn- und Wirtschaftsgebäude, z. B. alte Bauernhäuser, einen Speicher, eine Bockwindmühle und eine Dorfschule. In der Dorfschmiede wurde uns das Schmiedehandwerk vorgeführt. Anschließend stellte man uns in der alten Böttcherei den Beruf eines Böttchers vor. Zum Schluss waren wir noch auf dem Naturspielplatz.
Ziel unseres Ausflugs war es, die Lebensweise der Menschen in den vergangenen Jahrhunderten zu erkunden. Wenn man seine Geschichtskenntnisse auf interessante und anschauliche Weise vertiefen will, dann ist ein Besuch in diesem Freilichtmuseum genau das Richtige.
Leon, Klasse 6b 05.10.20..

Seite 16

1 c Die Geschichte ist eine Schelmengeschichte, denn sie ist kurz und witzig. Der jüngere und schwächere Sohn erweist sich als Schelm, weil er den älteren und stärkeren Vater klug, überzeugend und witzig widerlegt.

2 a *Zeitangaben:* morgens (Z. 1), eines Tages (Z. 9), heute Morgen, ganz früh, fast zur Morgendämmerung (Z. 13)
Ortsangabe: an das Bett (Z. 9)

b *Nasreddin:* ein Langschläfer / ist schwer aus dem Bett zu kriegen / klug, witzig/ widerspricht seinem Vater / bleibt im Bett liegen
Vater: ein Frühaufsteher / ärgert sich über Nasreddins langes Schlafen / meint, frühes Aufstehen bringt Glück / findet eine Geldbörse / will Nasreddin (mit einer Geschichte) belehren

c Einleitung: Nasreddin ist Langschläfer (Zeilen 1 bis 3)
Gespräch zwischen Vater und Sohn (Zeilen 4 bis 8)
Vater erzählt sein Erlebnis (Zeilen 9 bis 20)
Schluss: Nasreddin widerspricht / schläft weiter (Zeilen 21 bis 24)

d Einleitung: Vater ärgert sich ...
2. Abschnitt: Behauptung des Vaters: Früh aufzustehen bringt Glück.
3. Abschnitt: Vater hat Geldbörse gefunden / will Nasreddin überzeugen ...
Schluss: Nasreddin widerspricht dem Vater / schläft einfach weiter

e Mögliche Lösung:
Nacherzählung zur Geschichte „Der Langschläfer"
Nasreddin war als Kind ein Langschläfer. Sein Vater dagegen war ein Frühaufsteher. Er ärgerte sich, dass Nasreddin nicht aus dem Bett zu bekommen war. Eines Tages trat der Vater an das Bett seines Sohnes und erzählte ihm, was er ganz früh am Morgen erlebt hatte, als er durch die Straßen gelaufen war. Er hatte nämlich eine Geldbörse gefunden und wollte damit seinem Sohn beweisen, dass frühes Aufstehen Glück bringt. Denn wenn er später aufgestanden wäre, hätte jemand anderes die Geldbörse gefunden. Nasreddin aber widersprach seinem Vater.
Er sagte, dass der Verlierer der Geldbörse ja noch früher als der Vater aufgestanden sein muss. Also bringt frühes Aufstehen kein Glück. Nasreddin drehte sich im Bett um und schlief weiter.

Seite 17

1 b *Wer?* zwei Jungen, ein Mädchen, Wachpersonal, Eltern der Kinder
Wo? Urzeitpark
Was? Kinder hatten sich versteckt, ließen sich einschließen / Proviant und Ausrüstung mitgenommen / Eltern wussten nichts von dem geplanten Abenteuer / Wachleute entdeckten die Kinder
Wann? letzte Nacht / gegen 23.00 Uhr
Warum? Kinder wollten Abenteuer erleben

Seite 18

2 a bis c Mögliche Lösung:

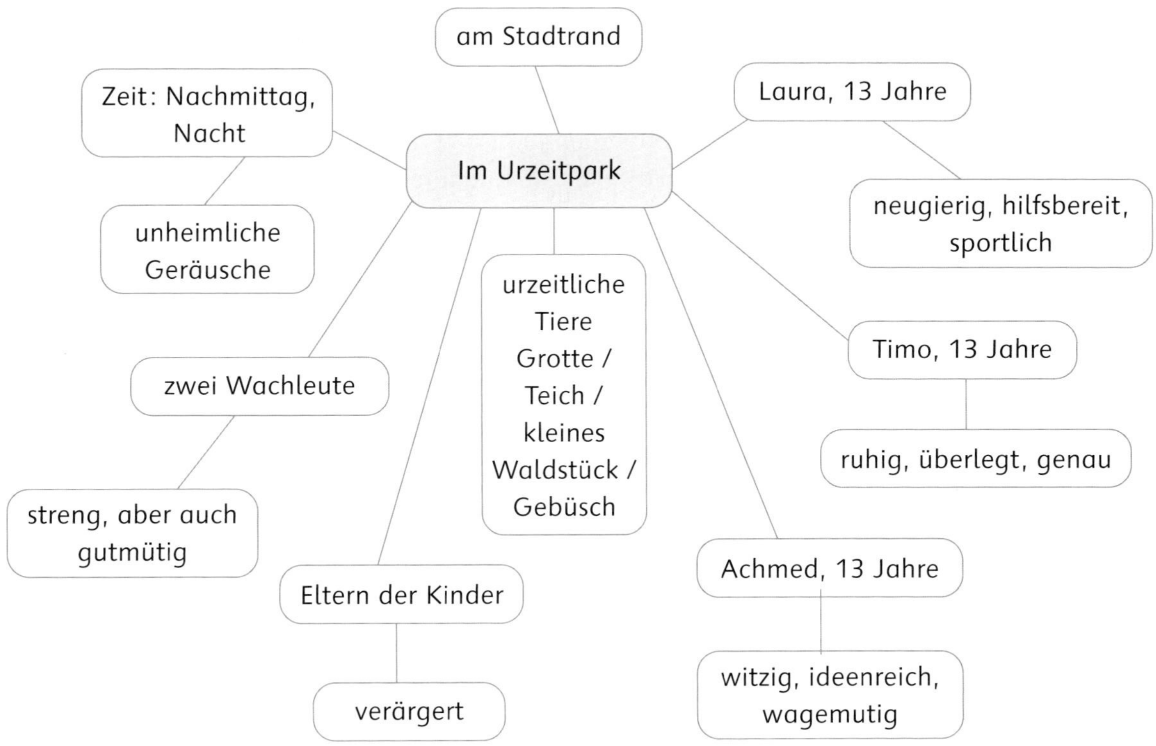

3 a und b Entwurf der Geschichte (stichpunktartig)
- die drei Freunde hatten sich verabredet
- Treff: 16.00 Uhr Urzeitpark
- Ausrüstung für die Abenteuernacht
- Erkundung des Urzeitparks
- verstecken sich und lassen sich einschließen
- Nacht: Dunkelheit, unheimliche Geräusche (ist der Höhepunkt)
- Kinder werden entdeckt

...

c Mögliche Lösung:
Unsere Abenteuerlust wurde durch einen Flyer über den Urzeitpark, der sich am Stadtrand befindet, geweckt. Achmed hatte die Idee, dass wir dort am nächsten Wochenende übernachten. Begeistert planten Timo, Achmed und ich unser nächtliches Abenteuer.

Seite 19

1 a Mögliche Lösung:
Ideen für das Cluster „In den Fängen von Meeresungeheuern“ – mit dem Drachenboot um die Welt
- 12 Mann Besatzung auf dem Boot
- Angriff zweier Seeungeheuer / Riesenkalmare
- Rettung in letzter Sekunde

b Mögliche Lösung:
Unsere Weltumseglung mit einem Drachenboot
- Erzählung eines Drachenbootfahrers am Lagerfeuer
- Weltumseglung mit Drachenboot: 10 Paddler, 1 Steuermann, 1 Trommler
- unheimliches Erlebnis im Pazifischen Ozean
- lebensbedrohliche Begegnung mit zwei Riesenkalmaren
- furchteinflößende Riesenkalmare mit tellergroßen Augen und meterlangen Riesenarmen
- Angriff der Kalmare brachte Boot fast zum Kentern
- beherzter Angriff der Mannschaft vertreibt die Kalmare
- die Hälfte der Paddel im Meer verloren
- aus eigener Kraft Rettung in letzter Sekunde

c Mögliche Lösung:
Ort: Pazifischer Ozean; Zeit: Sommer/Juli

Seite 20

1 **d** Mögliche Lösung:
- Ich-Erzähler: Steuermann: mutig, stark wie ein Bär, schnell, entscheidungsfreudig, etwas prahlerisch
- Bootstrommler: mutig, beruhigt die Mannschaft
- Mannschaft: einige sind ängstlich, verzagt; andere sind mutig und glauben, dass sie nicht untergehen
- Seeungeheuer/Kalmare: riesige Augen, sind länger als das Drachenboot, Arme wie dicke Gummiseile, riesige Wasserfontäne
- Drachenboot: reich mit einem Drachenkopf vorn verziert

e Mögliche Lösung:
Plötzlich schrie einer der Paddler: „Hilfe! Ein Seeungeheuer!"
„Auf unserer Seite krallt sich ein riesiger Fangarm fest!", ertönte es von der anderen Bootsseite.
„Keine Panik", beruhigte der Trommler.
Ich befahl: „Weiterpaddeln, weiterpaddeln!"
„Wir sind in den Fängen der Riesenungeheuer!" – „Das ist unser Untergang!"
„Schlagt mit euren Paddeln auf sie ein!", schrie ich in die tosende Gicht hinein.
„Hilfe, wir haben im Kampf mit den Ungeheuern mehrere Paddel verloren!"
Ich brüllte: „Dann paddelt mit den Händen!"

f Mögliche Lösung:
Einleitung: am Lagerfeuer eine Gruppe von Urlaubern, ein älterer, bärtiger Seemann erzählt
Schluss: Rettung der Drachenbootmannschaft

Seite 21

1 **b** Wie alt ist die Sage vermutlich? ca. 5.600 Jahre
Wo ist sie entstanden? im Gebiet des heutigen Irak
Wer ist Gilgamesch? Wo regiert er? Gilgamesch: König der Stadt Uruk, zu zwei Dritteln Gott, zu einem Drittel Mensch
Wie heißt sein Freund? Enkidu
Was ist das Besondere an diesem Freund? Tiermensch, Körper mit Fell bedeckt

c Mögliche Lösung:
Der König von Uruk / Gilgamesch und Enkidu

Seite 23

1 **d** Mögliche Lösung:
Das Ungeheuer dachte vielleicht, Gilgamesch und Enkidu wollten den Wald nur durchqueren und ihm keinen Schaden zufügen. Oder es hat geschlafen und die beiden zuerst nicht bemerkt.

2 **a** Mögliche Lösung:
Vielleicht wollen sie mit den Setzlingen zu Hause in Uruk einen Park oder Wald anpflanzen. Dann können sie später große Bäume fällen und haben Holz. Oder sie wollen die Bäume entlang der Straßen anpflanzen, damit es dort mehr Schatten gibt.

3 **a** Gilgamesch bekommt Hilfe durch Utu, den Sonnengott. Er schickt 13 Winde, die Huwawa lähmen und blind machen.

Seite 24

3 **d** Mögliche Lösung:
Gilgamesch ist ein typischer Sagenheld, weil er mutig, stark und teilweise ein Gott ist. Er geht auf eine Reise und muss sich im Kampf beweisen. Er hat einen treuen Freund, der ein Tiermensch ist, und erhält die Hilfe eines Gottes.

4 **a** Die gesuchte Textstelle: Seite 22, Zeilen 21-26.

b Mögliche Lösung:
Ohne den Wächter würden die Menschen die Bäume wahrscheinlich alle fällen und der Wald wäre zerstört. Huwawas Herr ist Enil, der Herr der Erde. Dieser hat Huwawa beauftragt, den Wald zu schützen, damit er erhalten bleibt. (Wird in heißen, trockenen Gebieten ein Wald abgeholzt, entsteht dort meist kein neuer Wald, sondern das Gebiet wird zur Wüste.)

5 Mögliche Lösung:
Die Gilgamesch-Sage ist eine typische Heldensage. Gilgamesch ist ein typischer Sagenheld, er reist an einen gefährlichen Ort, den Zedernwald. Dort geht es um den Kampf gegen und den Sieg über ein Ungeheuer mit übernatürlichen Kräften, wobei der Sonnengott Utu hilft.
Die Stadt Uruk hat es wirklich gegeben und sie wurde von Königen regiert.
Bestimmt haben die Menschen auch Wälder abgeholzt oder von weit her Baumsetzlinge geholt, um sie bei der Stadt anzupflanzen, denn es lebten viele Menschen dort und man brauchte Holz zum Bauen von Schiffen, Häusern usw. Das ist der historische Kern der Sage.

Seite 25

1 **b** Mögliche Lösung:
Naturverbundenheit, Ruhe in der Natur, Liebe zur Natur, Waldduft,
Geborgenheit / die lustigen „Nasenzwicker" …
Farbempfindungen: z. B. Grüntöne

c Mögliche Lösung:
- mag/bewundert das lyrische Ich den Ahornbaum ganz besonders
- fühlt sich wohl in der Natur, geborgen, ruhig, eng verbunden mit dem Baum
- erinnert es sich an etwas, z. B. aus der Kindheit

d Das Gedicht hat 3 Verse. Der erste Vers hat 5, der zweite 7, der dritte wieder 5 Silben.

g Mögliche Lösung:

Waldkonzert	**Im Kirschbaum**
Vögel zwitschern laut in den hohen Laubbäumen es ist wunderschön	Im Kirschbaum summen die Bienen und bestäuben die vielen Blüten

Seite 26

1 **c** Passende Adjektive: fröhlich, beschwingt, zufrieden

d Das lyrische Ich …
- findet den Sommer schön
- fühlt sich wohl in der Sommerlandschaft
- erfreut sich an der Schönheit des Sommers
- beobachtet die Natur
- denkt über das Besondere des Sommers nach
- …

e und f Passende Adjektive: ruhig, verträumt, geborgen, traurig
Das lyrische Ich …
- fühlt sich wohl, mag diesen Winterabend
- ist verträumt, ruhig, entspannt
- freut sich auf die Nacht, schöne Träume
- …

Merkmale	Gedicht 1	Gedicht 2
Dichter bzw. Dichterin	Christine Busta	Christine Busta
Titel, Überschrift	Der Sommer	Für den Winterabend
Thema	Naturbeobachtung	Natur und Mensch / Winterabend
Grundstimmung	heiter, fröhlich, beschwingt	ruhig, verträumt, zufrieden
Stimmung des lyrischen Ichs	beschwingt, fühlt sich wohl …	verträumt, geborgen
Strophen, Verse	1 Strophe mit 8 Versen	1 Strophe mit 8 Versen
Reimschema	umarmender Reim	Kreuzreim (Verse 1–4) und Paarreim (Verse 5–8)
Sprache	sehr bildhaft viele sprachliche Bilder („sein Bart ist voll Grillen") Personifizierung des Sommers („Er trägt einen Bienenhut …") Spiel mit Farbe („die roten Füchse im gelben Getreide") ungewöhnliche Wörter: „Mären"	sehr bildhaft viele sprachliche Bilder („die rote Feuermaus huscht") Personifizierung des Mondes („Der Mondmann geht ums Haus …") Vergleich („Leiser, als die Spinne spinnt") ungewöhnliche Wörter: „Reiser"

g Beide Gedichte wurden von Christine Busta verfasst. Sie sind beide kurz und bestehen aus je 8 Versen. In beiden Gedichten geht es um Jahreszeiten und Stimmungen. Im Gedicht „Der Sommer“ ist das lyrische Ich fröhlich und heiter. Im Gedicht „Für den Winter“ ist das lyrische Ich ruhig und etwas verträumt. In beiden Gedichten verwendet Christine Busta eine sehr bildhafte Sprache, zum Beispiel sprachliche Bilder und Personifizierungen. In beiden Gedichten spielt die Dichterin mit Farben. Das Gedicht „Für den Winter“ enthält einen Vergleich. Im Gedicht „Der Sommer“ verwendet die Dichterin als Reimschema den umarmenden Reim. Dagegen verwendet sie im Wintergedicht Kreuzreim und Paarreim. Beide Gedichte sind sehr naturverbunden.

Seite 28

1 **c** Mögliche Lösung:
- etwas zur Geschichte der Olympischen Spiele
- welche Sportarten gibt es

2 **a** Mögliche Lösung:
Wann sind die Olympischen Spiele entstanden?
Wo wurden die Olympischen Spiele in Griechenland durchgeführt?
Welche Wettkämpfe fanden statt?
Seit wann gibt es wieder Olympische Spiele?
Wer hat die heutigen Olympischen Spiele erfunden?
Welche Sportarten gibt es heute bei den Olympischen Spielen?

b Mögliche Lösung:
seit etwa 2500 Jahren / griechische Antike / Heiligen Hain von Olympia / Stadionlauf, später: Kampfsportarten, Wagenrennen / 1896 / Baron Pierre de Coubertin / immer mehr Disziplinen / Sportler mit Behinderung ...

Seite 29

3 **a** Mögliche Lösung:
Abschnitt 1 (Z. 1 bis 10): Der Ursprung der Olympischen Spiele
Abschnitt: 2 (Z. 11 bis 16): Die ersten Sportdisziplinen
Abschnitt 3 (Z. 17 bis 20): Verbot der Olympischen Spiele
Abschnitt 4 (Z. 21 bis 24): Die Olympischen Spiele der Neuzeit
Abschnitt 5 (Z. 25 bis 30): Olympische Spiele heute
Abschnitt 6 (Z. 31 bis Ende): Paralympische Spiele und Olympische Jugendspiele

b Mögliche Lösung::
Wo fanden in der Antike die Olympischen Spiele statt? im Heiligen Hain von Olympia auf der Halbinsel Peloponnes
Wer hatte die Idee für die Olympischen Spiele der Neuzeit? der französische Baron Pierre de Coubertin
Mit welchem Anliegen wurden die Neuzeit-Spiele ins Leben gerufen? Verbindung junger Menschen aus der ganzen Welt zu einem friedlichen Miteinander

c Folgende Aussagen sind richtig:
Die Olympischen Spiele wurden von Pierre de Coubertin erfunden.
Die Geschichte der Olympischen Spiele beginnt vor ca. 2500 Jahren.
Seit 2010 gibt es auch Olympische Jugendspiele.

4 **a bis c** Mögliche Lösung:
Die Olympischen Spiele in der Antike → seit über 2000 Jahren: antikes Griechenland, zu Ehren von Zeus im Heiligen Hain von Olympia
Teilnehmer: nur freie Männer, aus den griechischen Stadtstaaten
Sportdisziplinen: Stadionlauf, Fünfkampf, Wagenrennen
Zeitpunkt: im Sommer, etwa fünf bis sechs Tage
Auszeichnung: Olivenzweig für Sieger
⟷ Verbot der Spiele um 394 n. Chr.
Die Olympischen Spiele heute → seit 1896, Idee von Baron Pierre de Coubertin
Teilnehmer: junge Sportler aus der ganzen Welt, zu einem friedlichen Wettkampf verbunden
Sportdisziplinen: manche Sportarten gestrichen (Tauziehen), neue kamen hinzu, z. B. Beachvolleyball, Trampolinturnen und Curling
Zeitpunkt: alle vier Jahre, seit 1924 auch Olympische Winterspiele
Auszeichnung: Medaillen
Erweiterung: seit 1960 Olympiade für Sportler mit Behinderung, die Paralympischen Spiele, seit 2010 Olympische Jugendspiele für junge Sportler zwischen 15 und 18 Jahren

Seite 30

5 **a** Mögliche Lösung:
über das olympische Feuer / Welche Symbole gibt es? / Was sind Rituale? …

c Mögliche Lösung:
Wann und wo wird das olympische Feuer entzündet?
Wer entzündet das olympische Feuer?
Warum wird das olympische Feuer entzündet?
Wer hat die olympische Flagge entworfen?
Wie sieht die olympische Flagge aus?
Was bedeuten die Ringe auf der olympischen Flagge? …

d Mögliche Lösung:
Abschnitt 1 (Z. 1 bis 3): Der Ursprung des olympischen Feuers
Abschnitt 2 (Z. 3 bis 9): Entzünden und Transport des olympischen Feuers
Abschnitt 3 (Z. 9 bis Ende): Erfindung und Bedeutung der olympischen Flagge

e bis g Mögliche Lösung:
Symbole und Rituale der Olympischen Spiele
Olympisches Feuer → bereits im antiken Olympia, bis heute = Symbol für den Frieden
Wie? in einer Schale entzündet, Fackelläufer/-innen tragen es zu dem Ort der Olympischen Spiele, brennt dort bis zum Ende der Spiele
Olympische Flagge → 1913 von Pierre de Coubertin entworfen = Symbol für die Verbundenheit der Kontinente (Afrika, Asien, Amerika, Europa, Australien)
Aussehen: fünf Ringe abgebildet, die ineinander verschlungen sind, stehen für die Kontinente, Farben der Ringe und der weiße Untergrund der Flagge wichtig, denn jede der Nationalflaggen enthält mindestens eine dieser Farben

Seite 31

1 **b** Mögliche Lösung:
linker Tabellenkopf: Laufdisziplinen/Laufstrecken
rechter Tabellenkopf: Distanzen/Längen

c Richtige Aussagen:
Der antike Stadionlauf wäre heute ein Kurzstreckenlauf.
Die Hindernisläuferinnen und Hindernisläufer müssen eine größere Strecke als die Hürdenläuferinnen bzw. Hürdenläufer zurücklegen.

Seite 32

2 **a** Das Diagramm gibt auf der x- Achse an, was vergleichend dargestellt ist: die Größe des deutschen Teams 2016 und 2020, seine Zusammensetzung in Jungen und Mädchen sowie die gewonnenen Medaillen.
Das Diagramm gibt auf der y-Achse an, wie viele Gesamtteilnehmer jeweils 2016 und 2020 zum deutschen Team gehörten, wie viele davon Jungen und Mädchen waren und wie viele Medaillen sie gewonnen haben.

b Welches der beiden Teams war zahlenmäßig größer? das Team in Lausanne
Wie viele Jungen waren 2020 im deutschen Team? 40 Jungen
Welches Team bestand aus wesentlich mehr Mädchen als Jungen? das Team in Lausanne
In welchem Jahr wurden mehr Medaillen gewonnen? 2016

Seite 33

3 **b** Worauf beziehen sich die im Diagramm angegebenen Zahlen? auf die Gesamtanzahl der Teilnehmer und Teilnehmerinnen bei den Olympischen Jugend-Winterspielen 2020
Was stellen die verschiedenfarbigen Segmente des Kreisdiagramms dar? die Anzahl der für den jeweiligen Kontinent gestarteten Sportler und Sportlerinnen

c Afrika, Ozeanien, Amerika, Asien, Europa

d Mögliche Lösung:
Aus Europa kamen die meisten Sportlerinnen und Sportler, während aus Afrika nur zwei teilnahmen. Aus Amerika und Asien nahmen fast gleich viele Sportlerinnen und Sportler teil. Teams aus 48 europäischen Nationen reisten an, dagegen waren es nur 19 Länderteams aus Asien.

e Mögliche Lösung:
Das Kreisdiagramm stellt dar, wie viele Sportler und Sportlerinnen insgesamt an den Olympischen Jugend-Winterspielen 2020 in Lausanne teilnahmen. Im Einzelnen wird veranschaulicht, wie viele Sportler und Sportlerinnen aus Asien, Europa, Amerika, Ozeanien und Afrika kamen und wie viele Nationen jeweils Teams nach Lausanne geschickt hatten. Daraus kann man entnehmen, dass die meisten Teilnehmerinnen und Teilnehmer aus Europa kamen, nämlich 1242. Dagegen nahmen z. B. nur 52 aus Ozeanien und nur zwei aus Afrika teil.

Seite 34

1 die Gedanken – männlich, Plural / das Gefühl – sächlich, Singular / der Streit – männlich, Singular / die Gruppen – weiblich, Plural / der Frieden – männlich, Singular

2

Singular	Plural	gramm. Geschlecht
der Streifen	die Streifen	männlich
das Mädchen	die Mädchen	weiblich
der Atlas	die Atlanten	männlich
-	die Leute	-
der Reis	-	männlich

Seite 35

3 **a** **1** Dativ / **2** Akkusativ / **3** Nominativ / **4** Genitiv / **5** Akkusativ / **6** Akkusativ

b **1** des Hundes, dem Hund, den Hund / **2** der Katze, der Katze, die Katze /
3 des Kindes, dem Kind, das Kind

c Mögliche Lösung:
1 Mathilda schenkt ihrer Freundin ein Federmäppchen. (D)
2 Sie hat das Federmäppchen selbst genäht. (A)
3 Ihre Freundin freut sich sehr über das Geschenk. (N)
4 Sie mag die Farbe des Federmäppchens sehr. (G)

Seite 36

1 **a und b** Nomen und ihre Begleitwörter im Akkusativ sind unterstrichen; Nomen und ihre Begleitwörter im Dativ sind unterkringelt.
1 Ich helfe meiner Schwester bei den Hausaufgaben.
2 Sie lernt selten neue Vokabeln in Englisch.
3 Als Gegenleistung kauft sie mir einen Bausatz.
4 Am Eisstand begegnen wir der Englischlehrerin.
5 Sie fragt meine Schwester nach den Vokabeln.
6 Meine Schwester bekommt einen roten Kopf.
7 Sie verspricht ihrer Lehrerin, alle Vokabeln zu üben.
8 Ich bin gespannt, ob sie ihr Versprechen hält.

2
2 Opa geht nie ohne seinen Hut aus dem Haus. → A
3 In der Turnhalle habe ich gern Sportunterricht. → D
4 In wenigen Wochen beginnen die Ferien. → A
5 Die Katze liegt faul unter dem Bett. → D
6 Der Hamster flüchtet unter den Schrank. → A
7 Am Eisstand steht Ben vor seinem kleinen Bruder. → D
8 Nach dem Abendessen lese ich mein Buch. → D
9 Ich habe keine Angst vor dem Zahnarzt. → D
10 Ich hatte noch nie ein Loch in meinen Zähnen. → D

Seite 37

1 **a und b**
1 Das mehrmalige **Verwenden** von Papiertaschentüchern ist unhygienisch.
2 Häufiges **Waschen** der Hände schützt dich.
3 Das **Anstecken** mit einer Erkältung kannst du so vermeiden.
4 Außerdem sollte das **Abtrocknen** mit Einmalhandtüchern erfolgen.
5 Beim **Verhindern** von Ansteckung hilft auch das **Vermeiden** von Berührungen im Gesicht.

2 **a**
1 überqueren: Starre nicht auf dein Handy während des **Überquerens** der Straße!
Starre nicht auf dein Handy, während du die Straße **überquerst**!
2 desinfizieren: Das **Desinfizieren** deines Handybildschirms ist sinnvoll.
Deinen Handybildschirm solltest du regelmäßig **desinfizieren**.
3 laden: Das Handy sollte nicht den ganzen Tag **laden**. Zu langes **Laden** des Handys schadet dem Akku.

Seite 38

3 **a und c** „Das Kräftige der Farben kommt gut zum Vorschein, wenn du reichlich Farbe verwendest. Das Rot wird dunkler, wenn du ein wenig vom Schwarz hinzumischst. Das Wässrige der Farbe lässt das Blau des Himmels schön transparent wirken."

b und c „Das **grüne** Gras macht mit dem **Gelb** dazwischen einen sehr **frischen** und **lebendigen** Eindruck. Das **Schöne** an den Mischtechniken ist, dass du sehr **viele** Farbtöne erzeugen kannst. Das **Blasse** oder **Intensive** der Farben steuerst du mit der Wassermenge."

4 **a** Das **T**olle an meinem **H**aus ist: Wenn du aus dem **F**enster schaust, kannst du alles **P**rächtige in meinem **G**arten sehen. Das **A**rbeiten den ganzen Sommer über hat sich wirklich gelohnt. Das **R**ot der **R**osen neben dem Weiß der **M**argeriten sieht schön aus! Was wie **Z**ufall und wie ein **S**tück wunderschöne **N**atur erscheint, hat wochenlanges **P**lanen und monatelanges **G**raben, **Z**upfen, **G**ießen und **S**chneiden benötigt! Opa möchte nächstes **J**ahr hinten links noch einen kleinen **T**eich anlegen. Aber die **T**eichfolie, mit der man die **G**rube auslegen müsste, ist aus **P**lastik. Ich finde, das verwenden von **P**lastik ist **U**mweltverschmutzung!

b *Nomen:* Haus, Fenster, Garten, Sommer, Rosen, Margeriten, Zufall, Stück, Natur, Opa, Jahr, Teich, Teichfolie, Grube, Plastik, Umweltverschmutzung
nominalisierte Verben: Arbeiten, Planen, Graben, Zupfen, Gießen, Schneiden, Verwenden
nominalisierte Adjektive: Tolle, Prächtige, Rot, Weiß

Seite 39

1 **a und b** Leo Körner bog in eine Seitenstraße ein. Da entdeckte Leo Körner [er] den Verdächtigen. Blitzschnell überflog Körner Körners [seine] Notizen über den Verdächtigen [ihn]: Der Verdächtige hieß Andi Hufschmidt. Hufschmidt war seit drei Monaten flüchtig. Hufschmidt [Er] wurde wegen mehrerer Banküberfälle gesucht. Körner ging langsam auf Hufschmidt zu. Hufschmidt [Er] saß auf einer Parkbank und schaute auf sein Handy.

2 Tom spielt am liebsten Fußball auf seiner Spielkonsole. Das kann er nämlich mit seinem Bruder gemeinsam spielen. Der findet kooperative Spiele besser als jene, bei denen man auf sich allein gestellt ist. Beim Spielen entstehen oft lautstarke Diskussionen, doch diese gehören für die Brüder dazu.

Seite 40

3 Die Eltern hatten ihren Söhnen eine Spielekonsole geschenkt. **Die/Diese** hatten sich sehr darüber gefreut. Ziemlich schnell gab es jedoch Ärger. **Die/Diese** nutzten die Jungs nämlich ständig und das Draußenspielen fiel weg. **Das** war aber den Eltern sehr wichtig. Also schlossen sie einen Pakt: Pro Stunde an der frischen Luft sollten sich die Brüder eine Stunde Konsolenspiel verdienen. **Das** funktionierte ein paar Wochen. Danach fing der Ärger wieder an, denn die Jungs hielten **jenen** Pakt immer weniger ein.

4
1. Das Spiel, bei **dem/welchem** man schnell reagieren muss, ist neu.
2. Das Spiel, **das/welches** neu ist, fordert einen heraus.
3. Die Spiele, von **denen/welchen** die Söhne nicht genug bekommen können, waren sehr teuer.
4. Die Zeit, **die/welche** die Söhne vor dem Computer verbringen, ist auf eine Stunde am Tag begrenzt.

5 Dort hinten steht mein (Possessivpronomen) Apfelbäumchen, das (Relativpronomen) unser (Possessivpronomen) Opa für mich (Personalpronomen) gepflanzt hat, als ich (Personalpronomen) geboren wurde. Es (Personalpronomen) hatte letztes Jahr zwei Äpfel. Diese (Demonstrativpronomen) habe ich (Personalpronomen) an einem einzigen Tag aufgegessen. Ihre (Possessivpronomen) Schale bekamen meine (Possessivpronomen) Kaninchen, die (Relativpronomen) ganz verrückt danach sind, als Mittagessen.

Seite 41

1 **a und b**

2 Er **verliert** dabei zwei Federn. [3. Pers. Sg.]
3 Die Federn **schweben** in Richtung Boden, [3. Pers. Pl.] aber sie **landen** auf dem Fensterbrett von Laras Zimmer. [3. Pers. Pl.]
4 Jule und Ella **finden** sie dort [3. Pers. Pl.] und Jule **ruft**: [3. Pers. Sg.]
5 „Wie schön, damit **mache** ich mir einen tollen Ohrring!" [1. Pers. Sg.]
6 „Du **kannst** sie ja vorher noch in deiner Lieblingsfarbe einfärben", [2. Pers. Sg.] **schlägt** Ella **vor**. [3. Pers. Sg.]

Seite 42

2 **a**

1 Jonas **ist** beim Sportfest schnell **gerannt**.
2 Aylin **hat** den Ball weit **geworfen**.
3 Lena **ist** hoch **gesprungen**.
4 Max **hat** das Sportfest **verpasst**.

b Perfekt

3 **a** Lilly weiß nicht, ob sie genug Mut hat. Wird sie vom Fünfmeterturm springen? Auf der Leiter nach oben überlegt sie: Wann ist sie zum ersten Mal vom Dreimeterbrett gesprungen? Ist das mit acht Jahren gewesen? Oder hatte sie sich schon früher getraut? Oben auf dem Turm ist es ganz schön windig. Langsam geht sie bis zur Kante. Jetzt wird ihr doch etwas mulmig. „Die wird es nie wagen", murmelt unten ihre Freundin Annika.

b *Perfekt:* ist gesprungen, ist gewesen
Plusquamperfekt: hatte getraut
Futur: wird springen, wird wagen

Seite 43

4 **1** möchte/will, **2** darf/kann, **3** müssen, **4** sollen, **5** kann, **6** möchte/will

5 **a und b**

1 muss/soll → Adrian wird gezwungen, hat keine Lust darauf.
2 darf/kann → Adrian freut sich darauf.
3 müssen/sollen → Er hat keine Lust zu segeln.
4 dürfen/können → Adrian scheint begeistert zu sein, freut sich darauf.

Seite 44

1 **a** Der Text ist im Präsens verfasst.

b Der Mond leuchtete schwach. Wir zogen die Jacken an und gingen los. Im Dorf schienen die Laternen. Aber im Wald war es so dunkel, dass man die Hand vor Augen nicht sehen konnte. Mehrere Kinder bekamen Angst und kehrten um. Friedrich lief gegen einen Baum und hatte am nächsten Tag eine Riesenbeule.

c er leuchtet, leuchtete, wird leuchten – wir ziehen an, zogen an, werden anziehen – wir gehen los, gingen los, werden losgehen – sie scheinen, sie schienen, sie werden scheinen – es ist, es war, es wird sein – er kann sehen, konnte sehen, wird sehen können – sie bekommen, bekamen, werden bekommen – sie kehren um, kehrten um, werden umkehren – er läuft, lief, wird laufen – er hat, hatte, wird haben

Seite 45

2 Wenn du den Kuchen aus dem Backofen geholt hast, gießt du den Schokoladenguss darüber.
Wir haben den Kuchen gebacken, also essen wir ihn jetzt auch.
Ich decke den Tisch, sobald der Kuchen abgekühlt ist.

3 Nachdem der Schiedsrichter das Spiel abgepfiffen hatte, verließen alle das Stadion.
Weil ich als Kind im Wald gewohnt hatte, kannte ich Vogelstimmen sehr gut.
Johann war misstrauisch, seit sein Freund Gunnar ihn einmal angelogen hatte.

Seite 46

1

Zeitform/Verb	**stellen**	**fahren**	**wissen**	**sein**
Präsens	du stellst	du fährst	du weißt	du bist
Präteritum	du stelltest	du fuhrst	du wusstest	du warst
Perfekt	du hast gestellt	du bist gefahren	du hast gewusst	du bist gewesen
Plusquamperfekt	du hattest gestellt	du warst gefahren	du hattest gewusst	du warst gewesen
Futur	du wirst stellen	du wirst fahren	du wirst wissen	du wirst sein

2 **a** **2** Du hattest gesehen. → 2. Pers. Sg. Plusquamperfekt /
3 Er ist gewesen. → 3. Pers. Sg. Perfekt / **4** Ihr folgtet. → 2. Pers. Pl. Präteritum

b wir reisen (Präs.), wir sind gereist (Perf.), wir reisten (Prät.), wir waren gereist (Plusqu.) – du siehst (Präs.), du hast gesehen (Perf.), du sahst (Prät.), du wirst sehen (Fut.) – er ist (Präs.), er war (Prät.), er war gewesen (Plusqu.), er wird sein (Fut.) – ihr folgt (Präs.), ihr seid gefolgt (Perf.), ihr wart gefolgt (Plusqu.), ihr werdet folgen (Fut.)

Seite 47

1 Viele Flaschen werden heute aus Plastik hergestellt statt aus Glas. Die Mehrwegflaschen werden im Geschäft zurückgegeben. Sie werden gewaschen und wieder gefüllt. Das kann bis zu 25 Male wiederholt werden. Andere Plastikflaschen werden nur einmal benutzt und anschließend wirft man sie in den Plastikmüll. Was wird dann mit ihnen gemacht?

2 Das Passiv wurde verwendet, weil es nicht darauf ankommt, wer die Plastikflaschen herstellt, verwendet, zurückgibt oder befüllt. Wichtig ist der Weg der Plastikflasche von der Herstellung bis zum Wegwerfen.

3 2 Zum Beispiel **werden** Fleecejacken oder Pullover daraus **gemacht**.
3 Für eine Jacke **wird** das Plastik von ca. 16 PET-Flaschen **benötigt**.
4 Durch den Transport des Plastiks und der Jacken **wird** jedoch sehr viel Energie **verbraucht**.

4 Mögliche Lösung:
In der 6c wird ein neues Umweltprojekt durchgeführt. Der gesamte Müll der Klasse wird ab sofort sortiert. Darüber hinaus soll in Zukunft das Papier sparsamer verwendet werden. Das gelingt z. B., indem nicht mehr so viele Kopien gemacht werden. Alle Klassensprecher der Schule werden über das Projekt informiert.

Seite 48

1 **a und b** **A** hungrigen, duftenden, schmeichelnden, hohe, dunklem
Der Fuchs schleicht durch den dunklen Wald. Da entdeckt er auf einem hohen Baum den Raben mit einem duftenden Stück Fleisch im Schnabel. Der hungrige Fuchs spricht ihn in schmeichelndem Ton an:
B großer, liebes, schöner, glänzend
„Hallo, mein lieber Rabe, habe ich dir schon gesagt, was für ein glänzendes Federkleid du hast? Ich bewundere es sehr! Mit großer Sicherheit klingt deine Stimme auch sehr schön. Singst du mir etwas vor?"
C leckere, wütend, gierig, schnelle, heiser, eitel, weite
Der eitle Rabe tritt den Beweis an: Er reißt seinen Schnabel weit auf und fängt an, heiser zu krächzen. Da fällt ihm das leckere Fleischstück herunter, der Fuchs schnappt es gierig auf und verschwindet schnell. Auf seinem Ast sitzt der wütende Rabe nun ohne sein Futter.

c dunkel, dunkler, am dunkelsten – hoch, höher, am höchsten – duftend, duftender, am duftendsten – hungrig, hungriger, am hungrigsten – schmeichelnd, schmeichelnder, am schmeichelndsten – lieb, lieber am liebsten – glänzend, glänzender, am glänzendsten – groß, größer, am größten – schön, schöner, am schönsten – eitel, eitler, am eitelsten – weit, weiter, am weitesten – heiser, heiserer, am heisersten – lecker, leckerer, am leckersten – gierig, gieriger, am gierigsten – schnell, schneller, am schnellsten – wütend, wütender, am wütendsten

Seite 49

1

Fall/Kasus	**männlich**	**weiblich**	**sächlich**
1. Fall/Nominativ	der alte Mann	die gute Arbeit	das leere Heft
	ein alter Mann	eine gute Arbeit	ein leeres Heft
2. Fall/Genitiv	des alten Mannes	der guten Arbeit	des leeren Heftes
	eines alten Mannes	einer guten Arbeit	eines leeren Heftes
3. Fall/Dativ	dem alten Mann	der guten Arbeit	dem leeren Heft
	einem alten Mann	einer guten Arbeit	einem leeren Heft
4. Fall/Akkusativ	den alten Mann	die gute Arbeit	das leere Heft
	einen alten Mann	eine gute Arbeit	ein leeres Heft

2
1 Zu Beginn des neu**en** Tages gibt es ein schön**es** Frühstück.
2 Auf der sonnig**en** Terrasse genießen wir die warm**e** Morgenluft.
3 Ich ziehe meine grün**en** Gartenstiefel an und hole die groß**e** Schaufel.
4 Heute kommt frisch**er** Kompost auf das klein**e** Erdbeerbeet.
5 Die Kinder füttern die hungrig**en** Kaninchen mit duftend**em** Heu.

3
1 Auf **großen** Rasenflächen kann man wunderbar spielen.
2 Neben den **bekannten** Ballsportarten Fußball und Badminton gibt es auch **neue** Sportideen.
3 Zwei Mannschaften treten bei „Kubb" gegeneinander an. Die Spieler versuchen, **dicke** Holzklötze (Klotz = Kubb) mit **langen** Wurfhölzern umzuwerfen.
4 Der **große** König muss zuletzt getroffen werden.

Seite 50

1 **a und b** **1** vorbei (A), eilig (A); **2** Daher (G), jetzt (Z); **3** Gestern (Z), dort (O); **4** Jährlich (Z), überall (O); **5** Deshalb (G), gern (A)

2 **1** oben; **2** völlig; **3** nur; **4** Selten; **5** sehr

Seite 51

1 **und** **2** *bestimmte Numeralien:* sieben, kein, vierte
unbestimmte Numeralien: häufig, Hunderte, unzählig

3
1 Kerzenleuchter gibt es schon einige **tausend** Jahre.
2 Sie haben oftmals **mehrere** Arme.
3 Der jüdische Kerzenleuchter heißt Menora und hat **sieben** Arme.
4 Wir haben einen Leuchter für **vier** Kerzen.
5 **Viele** Menschen finden Kerzenlicht gemütlich.
6 Kerzen gibt es an vielen Orten. In Kirchen brennen oft **Hunderte**.
7 Ich habe meine Geburtstagskerzen schon **zwölfmal** ausgepustet!

4 *Nomen:* Hunderte / *Adjektive:* tausend, sieben, vier, viele / *Adverb:* zwölfmal

Seite 52

1 **a** In Rom sind viele Touristen unterwegs, weil sie die Ruinen der antiken Bauten und den Petersdom besichtigen möchten. Es ist offensichtlich, dass alle von der Pracht des Petersdoms überzeugt sind, denn das Staunen und Fotografieren nimmt kein Ende. Nach der Besichtigungstour gehen die Besucherinnen und Besucher oft Pizza oder italienisches Eis essen. Die meisten laufen zu Fuß durch die alte Stadt, aber vorm Überqueren der Straßen haben viele Angst. Irgendwann trauen sie sich doch, obwohl der Verkehr in Rom wirklich verrückt ist.

b Konjunktionen verbinden Wörter/Wortgruppen: und (2x), oder

c Konjunktionen verbinden Teilsätze: weil, dass, denn, aber, obwohl

2 **1** wenn; **2** als; **3** nachdem; **4** obwohl; **5** ob

Seite 53

3 **1** dass; **2** das; **3** dass; **4** dass: **5** das; **6** dass; **7** das; **8** dass; **9** das; **10** dass; **11** dass; **12** das

4 Mögliche Lösung:
Am Abend nach der Besichtigungstour ärgert sich Vater darüber, *dass* der Kellner die Reservierung vergessen hat. Ein Glück, *dass* eine Straße weiter in einer Pizzeria ein Tisch frei ist! Ida erzählt den Eltern, *dass* der Petersdom die größte Kirche der Welt ist. Am nächsten Tag mietet Mutter für die Fahrt ans Meer ein Auto, *das* weiß ist.

Seite 54

1 **und** **2** Mögliche Lösung:
Die Mutter backt meinem Bruder einen Kuchen.
Im Sommer verreisen unsere Großeltern.
Ich lerne Vokabeln.
Mein Vater repariert mein Fahrrad im Garten.

3 Die Mutter backt meinem Bruder einen Kuchen.
Wem backt die Mutter einen Kuchen? meinem Bruder
Wen oder was backt die Mutter? einen Kuchen
→ Die Mutter backt meinem Bruder (DO) einen Kuchen (AO).

Unsere Großeltern verreisen im Sommer.
Wann verreisen unsere Großeltern? im Sommer
→ Unsere Großeltern verreisen im Sommer (ABZ).

Ich lerne Vokabeln.
Wen oder was lerne ich? Vokabeln
→ Ich lerne Vokabeln (AO).

Mein Vater repariert mein Fahrrad im Garten.
Wen oder was repariert mein Vater? mein Fahrrad
Wo repariert mein Vater mein Fahrrad? im Garten
→ Mein Vater repariert mein Fahrrad (AO) im Garten (ABO).

4
1 Wir leben in einer seltsamen Zeit. → 1. Person Plural
2 In öffentlichen Gebäuden tragen alle Menschen Masken. → 3. Person Plural
3 Wir waschen uns sehr häufig die Hände. → 1. Person Plural
4 Nicht jedes Kind geht zurzeit in die Schule. → 3. Person Singular
5 Einige lernen selbstständig zuhause mit Unterstützung der Eltern. → 3. Person Plural

Seite 55

1 a
1 Tom ist sich seines Fehlers bewusst.
2 Du bist dir deiner Sache aber sehr sicher.
3 Mein bester Freund ist meines Vertrauens würdig.
4 Viele sind der englischen Sprache nicht ausreichend mächtig.

b
1 Der Verdächtige wird **eines Verbrechens** angeklagt.
2 Der Bürgermeister wurde **seines Amtes** enthoben.
3 Matti enthält sich während der Wahl **seiner Stimme**.
4 Meinen Nachbarn bezichtigt man **eines Betruges**.

2 a
1 Anna fährt regelmäßig mit dem Fahrrad zur Schule. → Womit?
2 Kleine Kinder fürchten sich oft vor Hunden. → Wovor?
3 Wir gewöhnen uns an das schlechte Wetter. → Woran?

b
1 Meiner Mutter ist **von der Arbeit** müde.
2 Der Vater hat **auf eine Erklärung seines Sohnes** gehofft.
3 Nils ist unsterblich **in Mirja** verliebt.
4 Der Lehrer fragt den Schüler **nach dem Grund** seines Fehlens.

Seite 56

1 a
1 Letztes Jahr ist Pauline oft im Meeresaquarium in Stralsund gewesen.
2 Dort kann man einheimische, aber auch Meerestiere aus fremden Gegenden bestaunen.
3 Es werden mehr als 50 riesige Aquarien angeboten.

4 Man sollte unbedingt das Schildkrötenbecken ansehen.
5 Im Januar hat es Nachwuchs bei den Blaupunktrochen gegeben.
6 Im Museum kann man auch verschiedene Ausstellungen besuchen.
7 Auch in diesem Jahr werden ihre Eltern und sie wieder mehrmals nach Stralsund zum Museum fahren.

b
1 Letzte Woche habe ich meinen Geburtstag gefeiert.
2 Dazu waren meine Großeltern extra aus Hamburg angereist.
3 Sie haben mir ein neues Fahrrad geschenkt.
4 Diese Überraschung werde ich so schnell nicht vergessen.

2 Mögliche Lösung:
Ich denke über mein neues Fahrrad nach.
In der Stadt schließe ich es immer gut weg.
Heute räume ich mein Zimmer auf.
Der Lehrerin höre ich gut zu.
Wir bringen meinen Großeltern einen leckeren Kuchen mit.

Seite 57

1 a
1 Meine Mutter kauft regelmäßig beim Bäcker, beim Fleischer und im Supermarkt ein.
2 Sie fährt dann entweder mit dem Auto oder dem Fahrrad.
3 Unsere Familie isst gern frisches Gemüse, leckeres Obst und ab und zu etwas Fleisch.
4 Im Frühjahr, Sommer und Herbst ernähren wir uns oft mit dem, was unser Garten hergibt.
5 Für den Winter lagern wir unsere eigenen Kartoffeln, Möhren und anderes Wurzelgemüse ein, aber auch Äpfel.

b Mögliche Lösung:
Was sind beliebte Urlaubsländer der Deutschen? Beliebte Urlaubsländer der Deutschen sind Italien und Spanien, aber auch in Deutschland machen die Deutschen gerne Urlaub.
Was begeistert Menschen an fremden Ländern? An fremden Ländern begeistert Menschen die fremde Sprache, das Essen und das gute Wetter.
Was muss vor einer mehrwöchigen Urlaubsreise organisiert werden? Vor einer mehrwöchigen Urlaubsreise muss die Zeitung abbestellt, jemand zum Gießen der Pflanzen gebeten und die Betreuung des Hundes organisiert werden.

Seite 58

1 **a und b**
1 Paul war vier Jahre alt, als er sein erstes Fahrrad geschenkt bekam.
2 Es war ein grasgrünes Rad, obwohl Paul diese Farbe nicht mag.
3 Deshalb war er traurig, dass seine Großeltern seinen Wunsch nach einem blauen Fahrrad missachtet haben.
4 Trotzdem strotzte Paul vor Stolz, weil anderen Kindern sein grasgrünes Bike gefiel.

Seite 59

2 **a bis c**

1 Die Winterferien verbringt Familie Kleinschmidt oft in den Bergen, da sie begnadete Skifahrer sind. (Hs, Ns)
2 Auch der jüngste Sohn der Familie fährt mit seinen vier Jahren bereits die Berghänge hinab, weil er im letzten Jahr einen Skikurs besucht hatte. (Hs, Ns)
3 Dass sie jedes Jahr auf genug Schnee hoffen, kann man gut verstehen. (Ns, Hs)
4 Sie können nur, wenn es genug geschneit hat, ihrem geliebten Hobby nachgehen. (Hs Teil 1, Ns, Hs Teil 2)

3
1 Fußball ist das Hobby vieler Jungen und Mädchen, weil ihnen ihre Väter das Spielen beibringen.
2 Mädchen tanzen häufig lieber als Jungen, obwohl Jungen und Mädchen gerne Musik hören.
3 Musikschulen haben einen regen Zuwachs an Mitgliedern, da Kinder sich für das Erlernen eines Instrumentes interessieren.

Seite 60

4
1 Erich Kästner, der aus Dresden stammt, ist ein berühmter Kinderbuchautor.
2 1929 erschien sein erstes Buch für Kinder, das den Titel „Emil und die Detektive" trägt.
3 Im Buch geht es um den Jungen Emil, der allein zu seiner Großmutter nach Berlin fährt.
4 Seine Mutter gibt Emil 120 Mark mit, die er sicher verwahren soll.
5 Im Zug sitzt ihm der Mann mit dem steifen Hut gegenüber, welcher ihn beklaut, als Emil einschläft.
6 In der Stadt gibt es dann eine Verbrecherjagd, die Emil und die Detektive durch das nächtliche Berlin führt.

5 Levi Strauss, der die Jeanshose „erfand", lebte in Amerika. 1850 segelte er von New York nach Kalifornien. Menschen wie Levi, die reich werden wollten, suchten ihr Glück als Goldgräber. In seinem Gepäck hatte Levi einen Ballen Segeltuch, den er aus Deutschland mitgenommen hatte. Am Hafen traf er auf einen Abenteurer, welcher ihm den Tipp gab, aus dem Stoff stabile Hosen herzustellen, die mit Nieten versehen sind. Levi suchte sich daraufhin einen Schneider, der ihn bei der Umsetzung dieser Idee behilflich war.

Seite 61

6 Lindgren, **die** mit vollem Namen eigentlich Astrid Anna Emilia Lindgren (geb. Ericsson) hieß, wurde am 14. November 1907 in Vimmerby (Schweden) geboren. Kinder, **welche** aus einem einfachen Elternhaus stammten, gingen damals nur drei Jahre zur Schule. Den Besuch einer weiterführenden Schule, für die 25 Kronen im Halbjahr bezahlt werden mussten, konnten sich Astrids Eltern nicht leisten. Aber Astrid hatte eine Freundin, **deren** Eltern das Ehepaar Ericsson überzeugten, das Schulgeld aufzubringen. Astrid, **die** besonders begabt in den Sprachen Englisch, Französisch und Deutsch war, konnte weitere sechs Jahre zur Schule gehen. Somit legte sie den Grundstein für ihre Karriere als Schriftstellerin, **der** zu Weltruhm führte. Für ihre Tochter Karin, **welche** 1941 krank im Bett lag, erfand Astrid Geschichten rund um die wohl berühmteste Figur der Welt. Denn den Namen, **den** sich die Tochter Karin ausgedacht hatte, kennt jeder: Pippi Langstrumpf.

7
1 Biologen sind Wissenschaftler, die alle Arten von Lebewesen auf der Erde erforschen.
2 Meeresbiologen konzentrieren ihre Arbeit auf die Ozeane, welche Lebensraum für eine Vielzahl von Tieren und Pflanzen verschiedener Art sind.
3 Die verschiedenen Tierarten wären für einen einzelnen Wissenschaftler, der den Gegenstand seiner Forschung einschränken muss, viel zu viel.
4 Einige Forscher, die beispielsweise die Lebensweise von Walen und Haien untersuchen, konzentrieren sich in ihrer Arbeit auf die großen Tiere im Meer.
5 Ein berühmter Meeresforscher war Jacques-Yves Cousteau, den auch die Fliegerei faszinierte.

Seite 62

1 a bis c
1 In Pisa steht ein besonders schräger Turm, deshalb ist die Stadt berühmt.
2 Der Turm ist einsturzgefährdet, denn er neigt sich fast vier Meter zur Seite.
3 Der Baumeister wollte angeblich seine Geschicklichkeit beweisen, aber diese Geschichte stimmt nicht.
4 Der Turm steht auf einem weichen Untergrund aus Lehm und Sand(,) und er neigt sich deshalb immer mehr nach Norden.
5 Trotzdem ist der Turm für weitere 300 Jahr gesichert(,) und die Neigung wurde durch Sanierungsmaßnahmen verringert.

2
1 Jährlich besichtigen viele Touristen das kuriose Bauwerk, oder man erfreut sich durch Postkarten an dessen außergewöhnlichem Aussehen.
2 Der Turm wurde 13 Jahre lang saniert, und er ist seit Dezember 2001 wieder für Touristen eröffnet.
3 Der Schiefe Turm von Pisa ist nicht das schiefste Gebäude der Welt, aber er gehört zu den schiefsten Bauwerken, die unabsichtlich in Schieflage geraten sind.

Seite 63

1 a und b
1 Weil ich in meiner Freizeit gerne an der frischen Luft bin, fahre ich gerne Fahrrad. [Ns, Hs]
2 Zu meinem letzten Geburtstag habe ich ein neues Fahrrad geschenkt bekommen, da mir mein altes Fahrrad gestohlen wurde. [Hs, Ns]
3 Am liebsten fahre ich zusammen mit anderen Fahrrad, sodass ich mich immer auf die großen Radtouren am Wochenende mit meinen Eltern freue. [Hs, Ns]

2 a und b
1 Auch meine Großeltern wollen gern an den Ausflügen teilnehmen, obwohl sie körperlich nicht mehr so fit sind.
2 Meine Großeltern besitzen seit Neustem moderne E-Bikes, sodass sie uns Jüngeren mittlerweile davonradeln.

Seite 64

1 „Karin?“, hörte ich Fannys Stimme. „Ja?“ „Duschst du eigentlich nie?“ Fanny wusste natürlich, dass Karin nie in der Schule duschte. „Doch, ich ...“, murmelte Karin. „Was hast du gesagt? Ich hab dich nicht verstanden“, sagte Fanny höhnisch. „Doch, zu Hause ...“ [...] Aus dem Umkleideraum hörte ich Fannys Stimme: „Wie eklig! Wenn jemand nach dem Match nicht duscht. Wahrscheinlich ziehst du wieder dieselben Klamotten an und sitzt damit in der Klasse und riechst.“

2 1 Der Lehrer fragt seine Klasse: „Wohin wollen wir im nächsten Schuljahr auf Klassenfahrt?"
2 „Unbedingt an die See!" , schreien die Mädchen.
3 „Das könnt ihr vergessen", erwidern die Jungen, „wir wollen nach Berlin."
4 „Wenn ihr euch nicht sofort einigen könnt, machen wir zunächst eine Liste, was euch interessiert. Und dort, wo es die größten Gemeinsamkeiten gibt, fahren wir hin", merkt der Lehrer an.
5 Die Klassensprecherin Marlies meint: „Das ist eine gute Idee!"
6 „Wie sollen wir vorgehen?", fragt Saida.
7 „Wir könnten mit einem Brainstorming beginnen", schlägt Tao vor, „und danach ordnen".
8 „Lasst und gleich damit anfangen!", drängt Ole. „Wer schreibt mit?"

Seite 65

3 1 „Die 6. Klassen der Nachbarschule fahren jedes Jahr nach Mecklenburg-Vorpommern zum Paddeln", bringt Tom in die Diskussion ein.
2 „Nicht schlecht, die Idee", sagt auch Marlies, die Klassensprecherin, „da können wir am Wasser sein, aber auch mal zum Shoppen nach Stralsund fahren."
3 Christian schüttelt nur mit dem Kopf und meckert: „War ja klar, Mädchen denken immer nur ans Geldausgeben!"
4 „Was hast du denn für einen Vorschlag?", fragt nun Gabriella.
5 Christian erwidert kleinlaut: „Eigentlich auch keinen besseren."
6 „Also abgemacht", fasst Marlies die Diskussion zusammen, „wir verbringen unsere Klassenfahrt sowohl auf dem Wasser als auch auf dem Land."

4 **a und b** Der Vater fragte seinen Sohn: „Hast du die Hausaufgaben gemacht, die zu morgen zu erledigen waren?"
„Die Aufgaben hat Mama schon kontrolliert", erwiderte der Sohn, „als sie von der Arbeit kam."
„Das stimmt, ich habe sie bereits überprüft", bestätigte die Mutter.

Seite 66

1 **a und c** blitzschnell, die Schlafmütze, nachrennen, kopfrechnen, das Kennwort, die Trinkflasche, zitronengelb, der Arbeitstag, das Kinderzimmer, die Blindenschrift

Seite 67

1 **b und c** der Ziege/n/käse, die Blau/beeren, das Trink/glas, das Spiegel/ei, weg/essen, das Schul/brot, geschmack/s/neutral, der Kartoffel/brei, das Ess/besteck, zu/rufen, taube/n/blau, kind/er/lieb

2 Geburtstag, Vorfreude, Handytasche, Modetrend

3 Bei den Wörtern *Bestuhlung, verlaufen, schläfrig* handelt es sich nicht um Zusammensetzungen. Begründung: Es sind Ableitungen.

Seite 68

1 **a** Lehrer, gelehrig, lehrhaft, belehren, Lehrerin, Lehrerschaft

b wohnen, bewohnbar, die Wohnung, das Wohnheim, bewohnen, der Bewohner, die Bewohnerin, wohnhaft, der Hausbewohner …

2 kennen – die Kenntnis, die Kenntnisse, wagen – das Wagnis, die Wagnisse, erlauben – die Erlaubnis, die Erlaubnisse, zeugen – das Zeugnis, die Zeugnisse, geloben – das Gelöbnis, die Gelöbnisse

3 *fallen:* entfallen, befallen, verfallen, zerfallen, missfallen
stehen: entstehen, bestehen, verstehen, missverstehen, erstehen

4 der Samt – samt/ig, die Nacht – nächt/lich, hungern – hung/rig, der Durst – durst/ig, sparen – spar/sam, haften – haft/bar, der Sturm – stürm/isch, vergessen – vergess/lich, essen – ess/bar, der Traum – traum/haft

Seite 69

1
1 Die Schulklasse **marschiert** mit vollem Gepäck durch den Wald.
2 Wutentbrannt **stampft** der Junge aus dem Raum.
3 Die junge Frau **stöckelt** auf ihren hohen Schuhen vor uns her.
4 In unserer Freizeit **bummeln** meine Freundinnen und ich gern durch die Stadt.
5 Während Ebbe **waten** Touristen gern durch das Watt.

2
1 Das Wetter ist heute besonders **sonnig/warm/heiter**.
2 In der Deutscharbeit hat Nina eine **beachtliche/großartige** Leistung vollbracht.
3 Nach dem Friseurbesuch betrachtete sie ihre **glänzenden** Haare im Spiegel.
4 Die junge Frau ist nicht nur **hübsch/nett**, sondern auch klug.
5 Es war besonders **nett**, dass er mir bei den Hausaufgaben geholfen hat.
6 Der Münzsammler betrachtete die **geschmackvolle/großartige** Münze in seinen Händen.

3 Mögliche Lösung:
Nach der Schule **bummelt** Jonas zunächst nach Hause. Zuerst **läuft** er in die Küche und isst etwas, danach **eilt** er rasch in sein Zimmer und macht die Hausaufgaben. Wenn er fertig ist, schnappt Jonas sich seinen Hund und **spaziert** mit ihm eine große Runde ums Haus. Später **hetzt** er noch zum Training und gegen 21 Uhr **springt** er müde ins Bett.

Seite 70

1 Mögliche Lösung:
Die Erde ist unser blauer Planet. Mein Vater gräbt in der Erde.
Der Vogel hat einen gebrochenen Flügel. Meine Mutter übt regelmäßig auf dem Flügel.
Der Strauß ist der größte Vogel der Welt. Zum Geburtstag bekam ich einen Strauß Tulpen.

2 kurz, köstlich, herzlich, warm

3 **a** Die Wörter haben unterschiedliche Bedeutungen.

b Mögliche Lösung:
Der Mann verzog keine Miene. Die Mine im Bleistift ist gebrochen.
Das Lied der Sängerin gefällt mir. Ich habe ein blaues Augenlid.
Ich komme bestimmt wieder. Der Junge verhält sich wider jede Vernunft.

Seite 71

1 **a** etwas im Busch – im Verborgenen geschieht etwas
sein wahres Gesicht zeigen – seinen Charakter offen zeigen
Lunte riechen – Gefahr frühzeitig bemerken
jemanden übers Ohr hauen – jemanden betrügen
einen Stein ins Rollen bringen – eine Angelegenheit in Gang bringen

b Mögliche Lösung:
Ich hörte meine Eltern leise reden. Da war etwas im Busch.
Mit diesem Verhalten hat er sein wahres Gesicht gezeigt.
Mit ihrer Beschwerde hat sie etwas ins Rollen gebracht.

c Hand in Hand arbeiten – gemeinsam gut zusammenarbeiten
wie auf Eiern gehen – besonders vorsichtig sein/gehen
jemanden unter die Lupe nehmen – jemanden genau beobachten

2 **a** Mund

b
1 sich den Mund verbrennen – etwas Unbedachtes sagen
2 nicht auf den Mund gefallen sein – redegewandt/schlagfertig sein
3 jemandem nach dem Mund reden – etwas sagen, was der andere gerne hört
4 den Mund zu voll nehmen – zu große Versprechungen machen
5 in aller Munde sein – Gesprächsthema sein

3 **a** **1** jemanden über den Tisch ziehen / **2** jemanden in der Hand haben / **3** jemanden wie Luft behandeln

b Mögliche Lösung:
Der Mann wurde beim Kauf des Autos über den Tisch gezogen. Die Mutter hat ihren Sohn wegen einer Lüge in der Hand. Der Freund behandelt seine Freundin wie Luft.

Seite 72

1 **a** **1** Telefonbuch / **2** Rechtschreibwörterbuch / **3** Katalog / **4** Fremdwörterbuch / **5** Lexikon

b Mögliche Lösung:
Atlas: Weltkarte, Landkarten, Kontinente, Orte, Gebirge, Flüsse, Meere, Ozeane, Gradnetz, physische Karten, thematische Karten
Synonymwörterbuch: Wörter/Stichworte, die die gleiche oder eine sehr ähnliche Bedeutung haben

c Mögliche Lösung:
1 Tierartzpraxis in Gera, Tierarztnotdienst, Tierarztsprechstunde
2 Schreibung von „Medaille“, Schreibung von Zeitangaben, Schreibung von Eigennamen
3 Skateboard für Kinder, Skateboard Preisvergleich, Skateboard Shop Berlin
4 Übersetzung „definitely“, deutsche Bedeutung von „guinea pig“, „Notfall“ auf Englisch
5 Burgen im Mittelalter, Leben auf einer Burg, Burgen in meiner Nähe, Burganlagen im Harz

Seite 73

2 **1** Der Text gibt umfassende Informationen zum Maulwurf. Er informiert den Leser über das Aussehen, über das Fressverhalten, über den Lebensraum und Besonderheiten des Maulwurfs.
2 Der Maulwurf hat eine längliche Form und einen kurzen Schwanz. Er hat kurzes, dichtes Fell, aber seine Nase, die Füße und der Schwanz sind unbehaart. Die Augen des Maulwurfes sind winzig, die Ohröffnungen liegen im Fell verborgen und seine Hände sind schaufelartig nach außen gedreht.
3 Der Maulwurf ist ein Insektenfresser und gehört zur Klasse der Säugetiere. Er kann bis zu 25 Kilogramm Regenwürmer im Jahr verspeisen und in der Nacht bis zu 75 Meter lange Tunnel graben. Maulwürfe sind Einzelgänger. Sie sind nahezu blind, besitzen aber spezielle Tastorgane.

3 Der Maulwurf wurde zum Wildtier des Jahres 2020 ernannt, um auf seine Besonderheiten aufmerksam zu machen. Gewählt wurde er von der Deutschen Wildtier Stiftung. In Gärten ist er kein gern gesehener Gast, da er viele Erdhügel hinterlässt. Er richtet aber keinen weiteren Schaden an, sondern vertilgt Schädlinge wie z. B. Schnecken und Engerlinge. Die Erdhügel lockern den Boden auf und eignen sich zum Bepflanzen.

Seite 74

1 **b** der Fal-ter, die Am-pel, der Ra-be, das Tor, der Pin-sel, der Zug, die Hand, der Fuß

2 **a** *einfacher Vokal:* der Hut, das Los, die Nase, grasen
Vokal + h: mehlig, nehmen, der Ruhm
Doppelvokal: die Beere, das Moos, aalglatt, der Staat

b *das Haar:* haarig, behaart, die Haarfarbe, der Haarfestiger / *der Zahn:* zahnlos, der Zahnarzt, die Zahnschmerzen, zahnen / *lesen:* der Leser, das Lesetagebuch, unleserlich, belesen

Seite 75

3 **b** *zählen:* ich zähle, du zählst, er zählte / *rühren:* du rührst, sie rührte / *kehren:* du kehrst, er kehrte

c **1** der Lehrer / der Fehler / das Fohlen / ~~die Reihe~~ / die Lehne → silbenöffnendes h
2 berühren / fühlen / ~~ziehen~~ / stehlen / verzehren → silbenöffnendes h

4 **a** der Sieger, das Ziel, schielen, sieben

b riechen – du riechst, wiegen – du wiegst, frieren – du frierst, gießen – du gießt, quietschen – du quietschst

5 Die Wortbedeutungen und in einem Beispiel auch die Aussprache sind unterschiedlich, deshalb auch die unterschiedliche Schreibweise.
Mögliche Lösung:
1 Der Kaffee wird in der Kaffeemühle gemahlen. Die Kinder malen ein schönes Herbstbild.
2 Der Bote bringt ein Paket. Die Boote legen vom Kai ab.
3 Der Stiel der Blume ist zu lang für die Vase. Jana hat einen schönen Schreibstil.
4 Cem bewundert den ausgestopften Wal im Museum. Wer wird bei der Wahl wohl gewinnen?

Seite 76

1 **a** hätt' – Himmel – still – geküsst – Blütenschimmer – müsst – Wälder – spannte – stillen

b hätte, Himmel, geküsst, Blütenschimmer, spannte, stillen (Konsonantenverdopplung, Silbengelenk); Wälder, Nacht, Felder, wogten, Lande (zwei unterschiedliche Konsonanten, kein Silbengelenk); still, müsst, Nacht (Verlängerungsprobe, um über Schreibung zu entscheiden)

c spannte – die Spannung; still – die Stille

Seite 77

2 **a und b** der Bussard, die Qualle, das Frettchen, der Hummer, die Nachtigall, der Affe

c **1** an Land robben; **2** auf die Beute starren; **3** sich an einen Stamm klammern; **4** im Meer schwimmen; **5** mehrmals am Tag fressen; **6** den Nachwuchs füttern

Seite 78

1 **a** *s:* Bluse, Reise, Käse, Riese, leise, Meise, Mäuse, Häuser / ss: Tasse, Kissen, Fässer, Nüsse, müssen / ß: Straße, fleißig, mäßig, Soße, beißen, spaßen, genießen

c Die Mäuse jagten die Katze ums Haus. Karierte Blusen passen hervorragend zu gestreiften Hosen. Die Kissen flogen durch das Zimmer und die Federn tanzten im ganzen Raum.
Ich machte den Eichhörnchen vor, wie sie Nüsse knacken müssen. Mein Hund dreht sich und versucht, sich in den Schwanz zu beißen. Der Clown sagte: „Mit mir kann man nicht spaßen."

2 **2** heißen, ich heiße, geheißen / **3** fressen, er frisst, der Fraß, das Fressen / **4** fließen, es floss, geflossen, fließend, das Fließband / **5** wissen, wir wussten, gewusst, das Wissen, das Gewissen / **6** lesen, ich las, sie liest, ausgelesen, das Lesebuch

Seite 79

3 **1** dass (K); **2** Das (A); **3** Das (A), das (R); **4** Dass (K); **5** Das (A), das (R), dass (K); **6** dass (K)

4 Mögliche Lösung:
1 Möchtest du, dass wir weniger Klassenarbeiten schreiben?
2 Findest du, dass es mehr Gruppenarbeit geben sollte?
3 Glaubst du, dass unser Schulfest eine gute Tradition ist?
4 Meinst du, dass wir Schüler mit Lernpaten unterstützen können?
5 Wünschst du dir, dass es mehr Mitbestimmung an unserer Schule gäbe?

5 Mögliche Lösung:
1 Ich möchte, dass wir in jedem Fach nur eine große Klassenarbeit schreiben.
2 Ich finde, dass wir in jedem Fach in festen Gruppen arbeiten sollten.
4 Ich meine, dass ein guter Schüler mir in Mathematik sehr helfen würde.

Seite 80

1 **a** *waagerecht:* Bäuerin, Mägde, Gemäuer, Städte
senkrecht: Burgfräulein, Märkte, Gräfin, täglich, Räuber, Stände

b *Gemäuer:* die Mauer, mauern, der Maurer, die Stadtmauer, gemauert
Bäuerin: der Bauer, der Bauernhof, bäuerlich, die Bäuerinnen
Märkte: der Markt, der Markstand, die Marktstände, der Marktplatz, der Jahrmarkt
täglich: der Tag, getagt, der Geburtstag, das Tagesessen, der Feiertag, der Jahrestag, der Alltag, alltäglich

c Mögliche Lösung: Am Rande der Stadt ragt die herrschaftliche Burg empor. Das dicke Gemäuer durchzieht den Burggraben und schützt so die Bewohner vor Räubern. Im Turmzimmer sitzt ein kleines Burgfräulein und schaut aus dem Fenster. Innerhalb der Burg werden täglich Marktstände aufgebaut. Die Bäuerinnen bieten ihre Ware feil. Die Mägde sind ebenfalls den ganzen Tag beschäftigt und bedienen die Herrschaft. Die Gräfin ist dabei sehr aufmerksam und beobachtet alles mit strengem Blick.

2 jährlich – das Jahr; das Gemäuer – die Mauer; säubern – sauber;
verdächtigen – der Verdacht; die Fäulnis – faulen

Seite 81

3 **a** **1** das Märchen; **2** während; **3** vermehren; **4** Lähmung; **5** das Leben; **6** täglich; **7** das Gewehr; **8** ungefähr; **9** sehr; **10/16** die Geste; **11** verzehren; **12** das Gehege; **13** fähig; **14** vorrätig; **15** älter; **10/16** die Gäste

b gruselige Märchen; während der Unterrichtstunde; eine unheilbare Lähmung; ungefähr 100 km entfernt vom Wohnort; Lebensmittel vorrätig haben; mit Stolz älter werden; eine sehr schöne Geste

4 **a** **1** Torin mag Badesalz, das so richtig sch**äu**mt. Deshalb str**eu**t er richtig viel davon ins Wasser. / **2** Torin mag es, wenn er sein Zimmer ausr**äu**men kann. Er fr**eu**t sich dann darüber, dass es so aufger**äu**mt aussieht. / **3** Torin mag es, die gr**äu**lichen Wolken am Himmel unter den B**äu**men sitzend zu beobachten. H**eu**te ist der Himmel aber eher bl**äu**lich.

5 **a** Kaiser, Waisenkind, Streicher, Buchseite, Froschlaich, Gitarrensaite, Laie, Geweih, Leichnam, Brotlaib, Main, Leiter, Hai, Taifun, Reis

b Mai, Mainz, Kaimauer, Eiche, Reise, eifrig, Bleistift, Beil

Seite 82

1 **1** Re-gen-wet-ter; **2** Buch-la-den; **3** Hand-ball-tor-wart; **4** Wind-hun-de-ren-nen; **5** Ster-nen-him-mel

2 **1** Technik-museum; **2** Milch-straße; **3** Obst-salat; **4** Hühner-auge; **5** Schnee-ball-schlacht

3 **1** Kro-ko-dil; **2** Igel; **3** ver-tau-schen; **4** Bä-cker-brot; **5** spre-chen; **6** Sa-xo-phon; **7** kau-fen; **8** Brü-he; **9** Fuß-ball; **10** Esel; **11** So-cken; **12** Win-ter; **13** oval; **14** Kel-ler; **15** versu-chen

Seite 83

1 **a** Lösungswörter: Dracula, Hexe, Gespenster, Frankenstein, Poltergeist, Sensemann

b spitzen Zähnen; der Graf; ledrige Hand; besten Reflexe; die Hand; der Bösen; des Nachts; deinem Fenster; kranken Bein; der Doktor; ein holder Greis; der Sensemann

Seite 84

1 **a und b**

2 Das Verlassen des Aussichtsturmes ist ohne Begleitung nicht gestattet.
3 Das Üben der Groß- und Kleinschreibung ist wichtig.
4 Das Essen von zu viel Fleisch ist nicht gesund.
5 Das Tanzen verbessert deine Körperhaltung.
6 Das Speichern von Handyfotos ist sinnvoll.

2 *Artikel:* das Laufen, das Reden, das Arbeiten, das Lesen
Artikel + Adjektiv: das schnelle Laufen, das geübte Reden, das intensive Arbeiten, das stille Lesen
Präposition + Pronomen: an ihrem Laufen, durch sein Reden, mit eurem Arbeiten, durch unser Lesen
Präposition + Pronomen + Adjektiv: an ihrem schnellen Laufen, durch sein geübtes Reden, mit eurem intensiven Arbeiten, durch unser stilles Lesen

Seite 85

3 Mögliche Lösung:
Ich lerne regelmäßig. Das Lernen von Vokabeln fällt mir nicht schwer.
Mein Vater malt sehr gern. Das Malen von Blumen kann ich besonders gut.
Wir schmücken den Tannenbaum. Das Schmücken zu Weihnachten bereitet viel Freude.

4 **b und c** ein Geben und Nehmen; vom Kauen, vom Denken; ein ständiges Kommen und Gehen; dein Schweigen; beim Essen

Seite 86

5 **a** Das Verheerendste am Anfang des Jahres 2020 waren die Waldbrände in Australien. Auch die Tierwelt war extrem betroffen. Es gab unzählige Verletzte, z. B. Kängurus, die Vogelwelt und viele kleine Koalas. Leider haben es über eine Milliarde Tiere nicht geschafft. Das war das Schrecklichste und die Stille in den Wäldern fühlte sich furchtbar an. Manche Koalas hatten großes Glück. Sie sind nicht vor den Flammen geflohen, sondern rollten sich auf Bäumen ein. Das ist etwas Unglaubliches. So konnten viele Koalas ihr Leben retten und trugen deshalb nur einige Verbrennungen davon. Die Tierärzte taten ihr Bestes. Nicht alle Tiere konnten gerettet werden, aber das Schöne an der Rettungsaktion bleibt in Erinnerung. Manches Traurige konnte eben nicht verhindert werden. Zum Besten zählt aber, dass es viele freiwillige Helfer gab. Dieser Job ist nichts für Ängstliche. Das tragische Ereignis in Australien zeigt, das Leben ist unser Wertvollstes.

b *Artikel:* das Schrecklichste, das Schöne / *Pronomen:* unser Wertvollstes
unbestimmtes Zahlwort: etwas Unglaubliches, manches Traurige
Präposition (+ Artikel): zum Besten, für Ängstliche

c das Besondere; mein Nützlichstes; wenig Neues; aufs Herzlichste

Seite 87

6 **a** Mögliche Lösung:
alles Neue, etwas Schönes, viel Gutes, nichts Wichtiges, wenig Spannendes, viel/etwas Geheimnisvolles, viel Leckeres

b alles sensationell Neue, etwas wirklich Schönes, viel besonders Gutes, nichts sehr Wichtiges, wenig extrem Spannendes, etwas wunderbar Geheimnisvolles, viel außergewöhnlich Leckeres

7
1 Unser Projekttag war richtig **gut**. Meine Eltern wünschten mir vorher alles **Gute**.
2 Meine Schwester sagt mir immer etwas **Aufmunterndes**. Mein Opa spricht mir in jeder Situation **aufmunternd** zu.
3 Als ich schlafen wollte, war ich immer noch **aufgeregt**. Beim Fußballspiel habe ich wenig **Aufregendes** gesehen.
4 In unserem Urlaub haben wir **Tolles** erlebt. Unser Streit gestern war nicht so **toll**.
5 Wenn du mich im Unterricht immer ansprichst, ist das **störend**. Manch **Störendes** hat er wirklich beseitigt.

Seite 88

1 **a** Fußball trainieren wir bei Wind und Wetter draußen im Stadion. Auch dieses Mal ging es hart zur Sache. Ich konnte den Ball auf einmal nicht mehr kontrollieren, stolperte und stürzte unglücklich. Mein Fuß tat höllisch weh. Mein Trainer telefonierte sofort mit dem Krankenhaus und sagte, dass es sich um einen akuten Notfall handelt. Auf der Notfallstation untersuchte mich gleich ein Fachmann und erklärte mir die Situation. Ich musste sofort operiert werden. Zum Glück lief alles ohne Komplikationen. Aber es gab keine Garantie dafür, dass ich schon bald wieder aktiv trainieren kann.

b Sportstätte – Stadion; Übungsleiter – Trainer; Sachlage – Situation; Abteilung – Station; eilig/dringlich – akut; Schwierigkeit – Komplikation; Sicherheit – Garantie; eifrig – aktiv; führen – kontrollieren

c der Trainer – trainieren; die Kontrolle – kontrollieren; das Telefon – telefonieren; die Operation – operieren

Seite 89

2 **a** untätig = passiv / zustimmend/bejahend = positiv / ideenreich = kreativ
eifrig/fleißig = aktiv / wahrheitsgetreu/sachlich = objektiv

b Die Fremdwörter mit dem Suffix -iv gehören zu der Wortart Adjektiv.

3 *Musik:* Monotonie, Philharmonie, Satzmelodie, Sinfonie
Film: Regie, Szenerie, Dramaturgie, Filmkategorie
Medizin: Psychologie, Therapie, Radiologie, Chirurgie

4 Biologie, Geografie, Astronomie, Chemie, Technik, Ethik, Mathematik, Physik

Seite 90

5 **a** Selbstgespräch – Monolog / Straftat – Delikt / Schriftsteller – Autor / Einfuhr – Import / Wirkung – Effekt / Vorhersage – Prognose / Einzelperson – Individuum

b Mögliche Lösung:
Der Autor dieses tollen Romans kam in die Buchhandlung zu einer Lesung.
Dieses Delikt bleibt nicht ohne Folgen.
Die Wetterprognose für morgen ist richtig gut.
Paul hielt in Englisch einen langen Monolog.

c **1** Appell; **2** Niveau; **3** Chirurg; **4** Medaille; **5** kompliziert; **6** Terrarium

d Mögliche Lösung:
Chat, Flatrate, Speicherkapazität, Display, Galerie, Datei, Audioformate, Akku, Betriebssystem, Flugmodus, Headset, Megapixel, Sprachfunktion, Internet, Zoom

Seite 92

1 Mögliche Lösung: Wissenswertes über den Fuchs

2 **a**

1. Futter, Beute, Nahrung, Ernährung
2. Augen, Sehvermögen, im Dunkeln, sehen/sieht
3. Geruchssinn, riechen, Nase, schnüffeln, erschnüffeln
4. Eigenschaften, Jäger, Jagd, Jagdverhalten, Beute

c

1. Der Fuchs frisst alles. Er ernährt sich z. B. von Würmern, Spinnen, Früchten und Kleintieren. Er schleicht sich katzenhaft an seine Beute heran.
2. Die Augen des Fuchses sind ähnlich der einer Katze. Wenn das Licht im Dunkeln auf seine Augen trifft, wird es durch eine reflektierende Schicht gespiegelt. Allerdings sehen Füchse nicht so scharf und auch farblich nicht gut.
3. Füchse und Hunde haben einen sehr guten Geruchssinn. Er ist 450-mal so gut wie der eines Menschen.
4. Die Mischung aus den Eigenschaften des Hundes und der Katze machen den Fuchs zu einem sehr guten Jäger. Dank seiner Krallen kann er auf Bäume klettern. Wenn der Fuchs seine Umgebung wahrnimmt, lernt er daraus und kann auch sehr gut reagieren.

Seite 93

3 Der **R**otfuchs ist weit verbreitet. Er findet sich vom eisigen **A**laska bis in die **S**andwüsten **N**ordafrikas. Die **T**iere leben in **W**äldern und **H**albwüsten, aber man findet sie auch in **G**ebirgen.

4 Mögliche Lösung: *Adjektive:* wählerisch, scharf, ähnlich / *Artikel:* die, das, dieses, ein
Personalpronomen: es, er, sie / *Präpositionen:* im, mit
Verben: dämmert, beginnt, klettern, erschnüffeln

5 **a und b** **1** oft (Z), witzigerweise (A) / **2** dort (O), meist (Z) / **3** besonders (A), immer (Z) / **4** deswegen (G), darauf (O) / **5** irgendwann (Z), überraschenderweise (A)

Seite 94

6 **a und b**
1 Städte bieten **vielen Tieren** (Akkusativobjekt) ein reiches Nahrungsgebiet.
2 **Gut geeignete Verstecke** (Akkusativobjekt) gibt es in der Stadt auch.
3 Deshalb können sich Städte immer öfter **einer natürlichen Vielfalt** (Genitivobjekt) rühmen.
4 Auch Füchse erfreuen sich in Städten **bester Gesundheit**. (Genitivobjekt)
5 Sie können aber auch **ansteckende Krankheiten** (Akkusativobjekt) haben und übertragen.
6 Das macht **dem Menschen** (Dativobjekt) natürlich **etwas Angst** (Akkusativobjekt).

7 **a bis c**
1 Der Angriff eines Fuchses ist extrem unwahrscheinlich, weil er die Nähe des Menschen meidet. (SG)
2 Eine Gefahr, die vom Fuchs ausgeht, ist der Fuchsbandwurm. (SG)
3 Die Larven des Bandwurms bleiben zum Beispiel auf Beeren, Pilzen, Gemüse und Gräsern hängen. (S)
4 Es können Krankheiten davon ausgelöst werden, denn der Fuchsbandwurm kann sich auf Menschen und Haustiere übertragen. (SR)
5 Diese Fälle sind zwar selten, aber etwas Vorsicht schadet nicht. (SR)

Seite 95

8 *zwei unterschiedliche Konsonanten:* Katze, Kiste, Wald, Hund, plündern, bremst
zwei gleiche Konsonanten: dämmert, Krallen, alles, erschnüffeln, plündern, Mülltonnen, klettern

9 Mögliche Lösung:
mit h: wählerisch, sehr, Nahrung; *mit ie:* gespiegelt, einziehen, Tier, nie;
ohne Dehnungszeichen: Nase, Jäger, wenige; *mit Doppelvokal:* Aas

10 Mögliche Lösung: *frisst:* gefressen, er fraß, das Fressen, gefräßig
das Wissen: gewusst, ich weiß, das Gewissen
die Gräser: grasen, der Grashalm, gegrast

11 wiederspiegelnd: reflektiert; auf besondere Schwerpunkte gerichtet: spezialisiert;
Klugheit, Verstand: Intelligenz; anpassungsfähig: flexibel;
antwortet, passt sein Verhalten an: reagiert

12 **b** Füchse gelten als sehr schlaue Tiere.
Du kennst sicher die Redensart:
„Schlau wie ein Fuchs sein".
Man sieht den Fuchs auch immer häufiger in Städten.
Berlin ist die deutsche Hauptstadt der Füchse.